本书由北京第二外国语学院资助出版
特此鸣谢

# 二十国集团

# 全球经济治理的转型

A RESEARCH ON
G20 AND THE TRANSFORMATION OF
GLOBAL ECONOMIC GOVERNANCE

王瑞平 著

社会科学文献出版社
SOCIAL SCIENCES ACADEMIC PRESS (CHINA)

# 第 1 章
# 导言

## 1.1　G20 与全球经济治理的时代使命

### 1.1.1　全球治理面临的困境

全球性问题的日益涌现且盘根错节，威胁着国家的发展、社会的进步与人民的福祉，全球治理的必要性与紧迫性与日俱增。百年未有之大变局下，国际格局与世界秩序发生着深刻的变化，新冠肺炎疫情不仅加速了国际格局的既有变化，而且赋予了世界秩序变化以新的内容与形式，促进了新旧世界秩序的过渡与交替。各国间的博弈更加激烈与复杂，各种多边机构与机制难以有效应对一系列的全球性挑战，这些因素造成了"需要全球治理却缺少全球治理"的局面。而全球治理在规则与理念方面的严重滞后，更使全球治理处于效果不彰的"失灵"状态。

全球性问题的有效应对，无疑需要全球层面的集体行动。但全球化与各国间相互依存关系的不断深入发展并未使国际政治的现实发生根本性的改变，在主权民族国家体系与国家利益至上原则面前，全球治理还面临严重的"集体行动困境"。

作为全球治理的重要领域，全球经济治理在一定程度上受到冷战时期世界经济分裂、冷战终结带来世界经济一体化的可能性、后冷战时期世界经济重新一体化这三个连接过程的深刻影响。① 二战后很长的一段历史时

---

① 庞中英：《1945 年以来的全球经济治理及其教训》，《国际观察》2011 年第 2 期，第 1~8 页。

期，美国在世界经济中的领导作用使其在很大程度上塑造了全球经济治理。冷战后至 2008 年全球金融危机爆发前，七（八）国集团（G7/G8）领导人峰会机制一度成为全球经济治理的中心。但随着七（八）国集团逐渐遭遇合法性与有效性的"双重危机"，减少与新兴大国的合作，七（八）国集团已无法再单独解决日益凸显的全球经济问题。回顾不同时期全球经济治理的历史实践，我们可以从中得出哪些重要启示？

二战以来，特别是冷战结束后，处在世界秩序中心的美国在世界治理中亦处于主导地位，这种世界霸权给全球经济治理打上了深刻的霸权烙印。由于旧的国际经济秩序已不再适应世界经济的现实和发展趋势，全球经济治理的改革已到了关键时刻。在国际体系转型的背景下，美国的霸权治理已力不从心，时代的发展呼唤新的世界政治文明，呼唤多元化、多层次、真正全球意义上的全球治理。

2008 年金融危机的爆发使全球经济治理的重要性提升到了前所未有的高度，随着危机的蔓延，七（八）国集团及其主要执行机构国际货币基金组织（IMF）陷入了治理乏力的困境。[①] 而之前处于边缘位置的二十国集团（G20）则升级为峰会机制，成为西方大国与新兴国家参与全球经济治理的重要平台。在一定意义上，二十国集团峰会机制意味着霸权治理时代的结束和多元化治理时代的开始。

以金砖国家为代表的新兴经济体的群体性崛起被美国等西方国家解读为挑战其在全球经济治理中的主导地位，那么，面对参与全球经济治理的这一历史性机遇，作为二十国集团重要组成部分的金砖国家有着怎样的共识，可以发挥什么样的独特作用？

随着危机的逐渐消退，因后劲不足而饱受外界质疑的二十国集团，能否与时俱进，从最初的危机应对机制成功转化为全球经济治理的长效机制？当前所面临的最大挑战又是什么？虽然二十国集团峰会每年定期召开，但目前的状况距离真正的机制化还有多远？代表着全球经济治理改革方向的二十国集团在全球经济治理及其转型中已经和即将发挥什么作用，

---

① 崔志楠、邢悦：《从"G7 时代"到"G20 时代"——国际金融治理机制的变迁》，《世界经济与政治》2011 年第 1 期，第 134～154、159 页。

能否摆脱现行框架下对全球经济治理技术性修正的定位，成为未来全球经济治理的主导机制，从而开创全球经济治理的新局面？

当前的全球经济治理处在不进则退的关键时刻，在"世界政府"难以成为现实、面临严重"集体行动困境"的情况下，全球经济治理的关键在何处？在世界权力格局发生深刻变化的形势下，如何解决各国在国家利益至上原则下各行其是的问题？谁来提供全球性公共产品，又有谁来维护世界秩序？

由 2008 年金融危机延伸出的欧债危机使欧洲遭受重创，欧洲在全球经济治理中的地位与作用也相应发生了历史性的变化。[①] 面对欧债危机，国际货币基金组织与欧盟委员会、欧洲央行一起成为"三驾马车"，这是欧盟与全球经济治理之间关系的重要转折点。在世界权力中心转移的时代背景下，新兴国家在不同程度上、以直接或间接的方式介入欧洲地区的经济治理，这一现象的出现，是否可以作为全球经济治理转型的主要特征之一呢？

在新冠肺炎疫情的剧烈冲击下，西方发达国家经济复苏乏力，主要新兴经济体经济增速减缓，世界经济正处在不平衡的复苏阶段。西方国家摆脱危机的这段时期，也是中国深度参与全球经济治理、确立自身地位的战略机遇期。基于世界经济的客观发展趋势，为推动二十国集团从危机应对向长效经济治理机制转型，中国贡献了哪些新思路？为促进二十国集团朝更加公正、合理、高效的方向发展，中国又需要尤为注重哪些方面？中国的全球治理理念与主张是什么，在全球经济治理转型中又发挥着什么作用？

本书力图对这些问题进行系统的梳理与深入的思考，进而为当前及未来二十国集团的发展、为更具包容性与代表性的全球经济治理新时代的到来，提供一定的研究视角与参考答案。

## 1.1.2 研究 G20 与全球经济治理的重要价值

在国际格局发生深刻变化的背景下，研究二十国集团与全球经济治理

---

① 庞中英、王瑞平：《相互治理进程——欧洲与全球治理的转型》，《世界经济与政治》2012
年第 11 期，第 50～63 页。

的转型，有着丰富的理论与实践价值。

第一，追根溯源，有助于揭示全球治理的真正内涵和价值追求。

虽然"全球治理"是一个现代社会科学概念，但关于世界治理的思想却源远流长。柏拉图在《理想国》中提出了"善治"（virtue govern）的概念，自此以后，无论是但丁的"世界帝国"理论，还是康德的"永久和平方案"，都包含着对世界治理的某些基本思考；在此之后，更有马克思、葛兰西、法兰克福学派等对"自由人联合体""市民社会""国际领导"等重要概念的研究，及至后来赫德利·布尔等学者关于"通向世界秩序道路"等世界基本问题的探讨。这些源自欧洲的丰富的世界治理思想，对今天的全球治理而言，依然有着重要的参考价值与启示意义。

第二，为新时期中国通过二十国集团这一重要平台参与全球经济治理、推动全球经济治理转型提供一定的思路与策略。

中国参与全球经济治理是以多边外交、多边机制、加入国际组织及地区合作等形式分别在全球和地区两个层面展开的，而且全球经济治理越来越成为中国非传统的、新型外交实践的主要问题之一。在这种情况下，高明巧妙的战略设计无疑是中国成功参与全球经济治理相关国际互动的关键所在。诚然，渐进式微调是国际战略设计与完善的稳妥选择，但在信息化与理论工具尤为丰富的新时代，我们可以通过系统的理论探索进行一项理性主义的战略规划。通过对全球治理理论进行系统的回顾，以及对中国既有外交战略的思路与方法进行细致分析，可以将中国既有战略置于历史与现实的检测之下，进而指出在中国既有战略中，哪些部分需要继承与发展，哪些部分需要改革，哪些部分需要舍弃，这将在政策层面有利于中国国际战略的与时俱进。

第三，有助于继承、丰富和发展"和平、发展、合作""国际关系民主化""和谐世界""同舟共济""共商、共建、共享""人类命运共同体""以合作共赢为核心的新型国际关系"等新时期中国政府的外交理念，进而为全球经济治理提供中国方案、中国智慧。

相较于具体政策层面的战略设计，理念建构与革新的难度更大，其影响也更为深远。21世纪以来，中国为世界贡献了一些具有中国特色、中国智慧的外交理念。例如，"和谐世界"理念实际上指出了管理复杂多变、充满利益与价值冲突的全球化的基本现实目标，它的实现需要中国以多边主义、多边合作的"新国际主义"精神去赢得世界的理解与支持，通过积极有效、负责任地参与全球经济治理来减少国际社会对中国发展的担心与忧虑，进而努力营造更好的国际环境。

第四，"相互治理进程"概念的提出，有助于理解根植于西方全球治理理论基础上的现存及正在出现的全球经济治理制度、机制的运作机理及其存在的缺陷，有助于跟踪其改革与创新的进程，并提出基于中国视角的创造性方案。

如同当今其他主要的社会科学学科，全球治理研究首先在欧洲开展起来，西方学者在全球治理研究上享有"知识霸权"地位。在理论与学科的支持下，西方国家在全球事务中占据着很大的优势，现有全球治理机制所反映的基本是西方大国的利益与价值。随着全球经济治理的西方模式逐渐失去效用与陷入困境，世界普遍认识到西方大国所主导的全球经济治理的严重局限性，全球经济治理的改革与转型更已成为学术界关注的焦点。当代中国学术研究的一项重大课题，便是如何使中国从全球经济治理体系的参与者、受益者，逐渐转化为新思维、新方案的提供者与建设者。本书在美国主导的霸权治理遭遇危机的情况下，探究全球经济治理的转型与未来走向，力图通过历史研究和对未来趋势的预测，把握影响全球经济治理体系和世界秩序变革的关键因素，从而为全球经济治理的转型提供具有一定创新性和价值的中国方案。

# 1.2　国内外研究现状

## 1.2.1　研究的缘起

在过去的三十多年，伴随着世界形势的巨大变革，"全球治理"这一概念逐渐从社会科学和国际关系理论的边缘走向主流，并成为我们理解世界核心问题的一个关键而有益的独特视角。

二战后，德国政治家勃兰特（Willy Brandt）最早提出了"全球治理"

这一概念，旨在通过建立和发展多边规则与管理体系，进而加深世界的相互依存、促进全球的可持续发展。[1] "全球治理"的最初倡导者并非西方大国的政治家、战略家或思想家，而是来自北欧小国及一些发展中国家的政治领袖和知识精英。1992年，鉴于联合国在海湾战争中树立的威望，"全球治理委员会"在多名国际人士的发起下成立，由瑞典社会党主席卡尔森（Ingvar Carlsson）和圭亚那前总统兰法尔（S. Ramphal）担任委员会主席，中国的代表为钱嘉栋大使。随后，该委员会在1995年——联合国成立50周年之际，发布了全球治理报告——《天涯成比邻》，详细阐述了"全球治理"的内涵与意义。自此，"全球治理"成为国际流行术语。

作为全球治理理论的主要创始人之一，美国著名国际关系学者詹姆斯·罗西瑙（James Rosenau）在《没有政府的治理》中最早提出了"分合论"的世界观，[2] 这成为全球治理理论的哲学基础。从那时起，经过近二十年的发展，全球治理理论在西方已基本成为一个综合性（交叉性）的学科体系，一些知名学府，如英国牛津大学、伦敦政治经济学院和诺丁汉大学等，还在原来国际政治或国际关系专业的基础上设立了全球治理（或全球经济治理）研究中心和全球治理专业。

虽然詹姆斯·罗西瑙被视为全球治理理论的主要提出者之一，但事实上，欧洲对全球治理研究的重视程度远远超过了美国。如果说在人文社会科学领域存在着明显的"美国知识霸权"，那么，这样的知识或话语霸权至少在全球治理或地区治理研究领域并不是那么突出的。安东尼·吉登斯（Anthony Giddens）、戴维·赫尔德（David Held）、安东尼·麦克格鲁（Anthony McGrew）、鲍勃·杰索普（Bob Jessop）等著名学者关于治理问题的研究在国际学术界受到了普遍关注。特别是戴维·赫尔德与安东尼·麦克格鲁编的《治理全球化：权力、权威与全球治理》，"对于从国家政府到多边全球治理的变迁，做出了全面的理论与经验评估"[3]。

---

[1] 庞中英主编《中国学者看世界·全球治理卷》，新世界出版社，2007，第12页。

[2] 〔美〕詹姆斯·N.罗西瑙主编《没有政府的治理》，张胜军、刘小林等译，江西人民出版社，2001，第2页。

[3] 〔英〕戴维·赫尔德、安东尼·麦克格鲁编《治理全球化：权力、权威与全球治理》，曹荣湘、龙虎等译，社会科学文献出版社，2004，第3页。

在研究路径方面，初期的全球治理研究与国际机制研究尚未分离，如美国国家科学院全球变化人文因素研究委员会创始主席奥兰·扬教授20世纪八九十年代的著作反映出其重视研究的是国际合作、国际化，而非全球治理、全球化①。随着全球化的日渐深入，传统的国际机制、国际合作研究早已无法涵盖全球治理这一概念的内涵与外延，也难以为全球治理这一特殊的研究范畴提供一定的理论研究基础。

作为对传统国际关系学科的重大挑战，全球治理已成为当今时代最重要的研究课题之一，许多世界名校都在根据全球化和全球治理的新形势对国际关系学科做出相应调整，强调全球治理研究对此学科至关重要的意义。如美国布鲁金斯学会与乔治·华盛顿大学最早开始深入研究全球治理，英国牛津大学政治学与国际关系学系的"全球经济治理"研究项目（该项目的主任 Ngaire Woods 教授对二十国集团做出了大量的论述）、伦敦政治经济学院的"全球治理研究中心"、华威大学的"全球化和地区化研究中心"、加拿大多伦多大学设立的二十国集团研究中心等也都对全球治理进行了大量的投入与研究。

从欧美等国举办的全球治理研讨会以及相关文献来看，国际上对全球治理的研究已经进入一个新的阶段，其标志为：对现存国际经济制度的改革基本形成共识，而问题在于如何改革；基本肯定新兴经济体在世界经济管理中的作用，但问题是如何赋予新兴经济体在全球经济管理决策中相应的权力；提出了各种各样的全球治理方案，特别是为预防全球金融危机的再次爆发而进行了关于未来国际货币体系的深刻讨论。在这些讨论中，中国在全球经济治理中的地位与作用、中国与全球治理的关系成为焦点话题。

此外，联合国（如联合国开发计划署）、世界银行等也给予了全球治理领域特别的关注，并设立了相关研究项目，例如，2012年，联合国可持续发展大会（"里约＋20峰会"）提出了"可持续发展目标"的概念；2015年，联合国纽约总部召开了可持续发展峰会，正式通过了《2030年

---

① 奥兰·扬教授的著作《国际合作》《国际治理》《世界事务中的治理》，体现出其研究轨迹的变化。

可持续发展议程》。①

## 1.2.2　关于"多层治理"的研究

近年来，"多层治理"概念成为欧美学者在新型国际事务和全球治理领域的研究重点。1993 年，麻省理工学院社会学名誉教授加里·马克斯（Gary Marks）在研究欧共体的结构政策时提出了"多层治理"这一概念。随后，经马克斯本人和贝娅特·科勒－科赫（Beate Kohler-Koch）、里斯贝特·胡格（Liesbet Hooghe）、彼特斯和皮埃尔（G. B. Peters and J. Pierre）等学者的逐渐发展，这一理论日趋完善。2001 年欧盟委员会发布《欧洲治理白皮书》后，"多层治理"的概念逐渐成为分析一体化的独特视角，并在此概念下延伸出许多新的研究领域。

马克斯与胡格在《多层治理的类型》中把"多层治理"定义为相互交织的、政府之间在多个层面上展开持续协商的体系，并从权力配置角度探讨了多层治理的模式，指出欧洲一体化过程中的权力重新配置包括向上、向下和水平分散等几种机制。② 弗里茨·沙普夫（Fritz Scharpf）关于多层治理五种模式的探讨③则为多层治理研究奠定了重要的理论基础。

伦敦政治经济学院西蒙·希克斯教授（Simon Hix）在其著作《欧盟的政治系统》中指出，欧盟已发展为一种特殊的多层治理制度，这种超越国家的治理是在更高的政治层面重组国家，而不是取代国家，同时也是具有共同价值与目标且通过共同决策形成的国家与超国家制度网络。④

在《欧盟研究中的"治理转向"》一文中，德国学者贝娅特·科勒－科赫等认为，欧盟治理的主要特征之一是"网络治理"，处于多层级结构的超国家、国家以及次国家行为体进行权力分配，从而形成了一种治理的

---

① 《2030 年可持续发展议程》，联合国开发计划署官网，http://www. cn. undp. org/content/china/zh/home/post－2015/，最后访问日期：2020 年 12 月 1 日。

② Liesbet Hooghe，Gary Marks，"Types of Multi-level Governance," *European Int egration online Papers (EIoP)*，Vol. 5，No. 11，2001，pp. 233－243.

③ 即相互调整（mutual adjustment）、政府间协商（intergovernment negotiation）、超国家/等级方式（supranational/ hierarchical mode）、共同决策模式（joint & decision mode）及公开协调（open method of coordination）。参见 Fritz Scharpf，*Governing in Europe: Effective and Democratic?*，Oxford：Oxford University Press，1999。

④ Simon Hix，*The Political System of European Union*，London：Macmillan，1999.

网络体系。①

在各层次治理的探讨中，学者们较为普遍关注治理的有效性问题。如在全球治理中，"有效的多边主义"或多边主义的有效性问题，一直是新时期国际问题研究的焦点。在这些研究中，以实现对当今世界有效治理为目标的国际合作理论得到了长足发展。

### 1.2.3 欧债危机以来西方学者对全球经济治理改革的研究

金融危机爆发后，西方的全球治理理论进入了反思阶段。之前的一些理论框架，如"没有政府（统治）的治理"，过于强调弱化政府的作用，致使金融市场等日渐缺乏政府的调控与治理。这与"第三条道路""华盛顿共识"等理念一起，引起了人们普遍而深刻的反思。

当前，西方的全球经济治理研究已进入新的阶段，各方的争论主要集中在"全球经济治理改革"与"如何改革现存国际金融机构"方面。金融危机以来，对于如何改革国际货币基金组织和世界银行等现存全球性的国际金融机构，国际金融组织本身及其成员提出了各种方案。各方对二十国集团这一新兴平台寄予厚望，对其在全球经济治理中的作用及存在的问题（如代表性与合法性不足）进行了深入的探讨，新兴国家如印度、巴西、南非等都分别提出了有关全球经济治理的新主张。虽然七（八）国集团的改革已经获得了一定的共识，即七（八）国集团合法性与有效性的双重赤字亟待改革，但在改革的方式与目标等方面仍存在争议。在西方学界，主流观点认为相应的改革需采取以七（八）国集团为核心的"延展"模式，通过以中国为代表的新兴国家的加入来解决七（八）国集团的合法性危机，并增强其有效性。二十国集团作为七（八）国集团改革的替代方案，也引起了西方学界的普遍关注，一些学者指出，在世界经济已偏向新兴国家、全球治理机制代表性严重不足的情况下，二十国集团框架下的集体行动将更为有效。介于前两种观点之间的学者对全球经济治理领导集团改革的态度较为乐观，强调二十国集团的出现不会导致七（八）国集团的消

---

① 〔德〕贝娅特·科勒－科赫、贝特霍尔德·里滕伯格：《欧盟研究中的"治理转向"》，陈新译，《欧洲研究》2007年第5期，第19~40页。

失，七（八）国集团和二十国集团的合作性互动将为全球经济治理提供新的领导力量、注入新的活力。

在二十国集团方面，加拿大多伦多大学 G8&G20 研究项目主任约翰·科顿（也译作约翰·柯顿）教授指出，从 1999 年成立、2008 年发展为首脑会晤至今，学界对二十国集团在治理进程、目的、影响等方面的评价一直有着激烈的争论。第一种观点认为，从长远的角度来看，二十国集团峰会是多余的存在，因为其成员规模过大且过于多元化，制度也不够稳固，它只是唤醒了联合国、老一代布雷顿森林体系、七（八）国集团。第二种观点是反对二十国集团成为全球经济治理的中心。其理由在于：多边机制拥有完善的法律体系，在效用发挥方面比二十国集团要好；七（八）国集团在二十国集团中仍占据主导地位；由成员自发组成的小型团体的二十国集团合法性不足；二十国集团缺少明确规范的成员标准与治理规则。第三种观点认为，二十国集团强化了七（八）国集团及类似集团的作用，通过纳入七（八）国集团缺失的新兴国家，其主要任务在于确保世界金融稳定，使全球化有益于世界。第四种观点指出，二十国集团应该取代七（八）国集团，甚至联合国五大常任理事国。第五种观点，也是目前的主流观点则认为，与 2008 年、2009 年应对金融危机时的状态相比，二十国集团峰会现在的表现已有所下降。二十国集团在决策执行上出现一定的困难，特别是在 2010 年峰会对财政整顿和银行资本金的承诺方面；二十国集团的宏观经济政策协调能力在逐渐下滑，而发达国家的金融监管在严峻挑战面前却取得了显著成效。[①]

国际著名智库加拿大国际治理创新中心（CIGI）高级研究员、加拿大外交国际贸易部原副部长巴里·卡林（Barry Carin）博士则是"从国内国际政治经济以及中西方文化与思维方式差异的角度分析了 2016 年 G20 杭州峰会中国面临的机遇与挑战"[②]。

---

① 〔加〕约翰·科顿：《G20 治理下的未来：成果、展望、预测及中国在其中扮演的角色》，载中国人民大学重阳金融研究院主编《谁来治理新世界——关于 G20 的现状和未来》，社会科学文献出版社，2014，第 173～183 页。

② 《"二十国集团与全球治理"报告会在北京大学举办》，中国社会科学网，2016 年 5 月 26 日，http://tt.cssn.cn/zk/zk_jsxx/zk_zx/201605/t20160526_3024047.shtml，最后访问日期：2021 年 6 月 2 日。

### 1.2.4 国际学界的新动向

全球治理的问题发端于国际关系学科领域，但从研究内容和研究方法看，全球治理具有跨学科、多学科的特征。如今，已有越来越多的学科介入全球治理研究，在未来，全球治理研究将进一步成为国际协作的学科。

欧洲的当代全球治理理论，以欧洲的地区治理为依托，欧洲联合（一体化）、欧盟（欧洲制度和机构）使得欧洲各国在全球治理中发挥着独特的作用。欧盟作为地区治理的典范（如今这一"欧洲工程"遭受了欧债危机、欧元危机、恐怖袭击的影响与挑战），是全球治理（全球机构）和民族国家机构的中间环节。欧洲的全球治理理论与实践同欧盟是密不可分的，这既是欧洲的特性，也是欧洲的优势所在。

英国华威大学全球化与地区化研究中心教授克里斯托弗·休斯（Christopher Hughes）等主编的《地区化与全球治理》深入探讨了地区化与全球化、地区治理与全球治理的关系，提出地区化可能起到"驯化"全球化、"通过地区整合促进全球治理"等重要观点。①

伦敦政治经济学院政治学"格雷厄姆·沃拉斯教授"戴维·赫尔德和研究员凯文·扬在《有效全球治理的原则》中提出了"参与的不断增加、社会公正的优先、可持续性的集中"是有效全球治理的重要原则。②

比利时布鲁塞尔自由大学马里奥·泰洛（Mario Telò）教授则在其主编的《欧盟与新地区主义：地区行为者与后霸权时代的全球治理》中分析了在全球化时代欧盟所代表的地区主义对新的全球治理的价值、意义及其存在的局限。③

地区治理并非仅仅在欧洲，世界其他地区也存在着地区治理，因此"比较地区治理"成为一个新的研究课题。其中，比较地区治理的规范性研究主要集中在对亚太经济合作组织（APEC）、欧盟（EU）、东盟（ASEAN）、非

---

① Andrew F. Cooper, Christopher W. Hughes and Philippe De Lombaerde, eds., *Regionalisation and Global Governance*, London, New York: Routledge, 2008.

② 〔英〕戴维·赫尔德、凯文·扬：《有效全球治理的原则》，朱旭译，《南开学报》（哲学社会科学版）2012 年第 5 期，第 1～11 页。

③ Mario Telò, ed., *European Union and New Regionalism: Regional Actors and Global Governance in a Post-Hegemonic Era*, Farnham: Ashgate, 2007.

盟（AU）和南美合作等地区组织性质、构成及运作方面的探讨；实证经验研究则包含着很多具体领域，如欧洲议会和商业、环保组织等非政府组织如何在欧盟利益分配中发挥作用等。

不过，当前全球治理的议题在不断扩展，但全球性公共产品的供给却处于短缺的状态，尤其是在当前贸易保护主义上升、民族主义高扬的情势下。如欧洲的反一体化倾向，中东北非地区的极端主义与宗教分裂的加剧，东亚地区日渐凸显的国家认同、民族凝聚力等，这样的地区主义理念，在一定程度上可以说加剧了世界政治的碎片化，① 带给全球治理新的挑战。对此，马里奥·泰洛教授也曾提出这一问题：区域合作究竟是分裂的全球化世界这一问题的原因，还是其解决之道？②

加拿大滑铁卢大学"国际治理中心"主任威廉·唐纳德·科尔曼（William D. Coleman）教授在《世界秩序、全球化和全球治理》一文中着重分析了全球化理论和批判性国际政治经济学这两种理论视角对全球治理研究的重要贡献，具体来讲，前者强调社会空间的广度随时间的推移而改变，这引起我们关注社会不同领域日益加深的联系如何扩散至世界各地并影响了人们的生活、加速了社会的变化；后者则告诉我们，在治理结构的塑造方面，霸权依然发挥着重要作用，促使大家在解释资本主义同领土权力逻辑之间关系的同时，更深入地理解民族国家对全球治理的突出影响。科尔曼教授认为，在全球治理研究方面，这两种理论视角各有优长，两者的综合可以对我们更加全面地认知全球治理大有裨益，并探讨了这两种理论视角将为全球治理塑造什么样的不同前景。③

欧盟安全问题研究所的报告《全球治理 2025：处在关键的转折点上》则从权力转移的角度阐释了全球治理的可行性与复杂性。报告指出，在未来十年，世界的多极化趋势将使有效的全球治理前景更加复杂化。20 世纪下半叶，美国塑造了在很大程度上反映其自由市场、民主等自由主义世界

---

① 朱立群：《代序 全球治理：现状与趋势》，载朱立群、〔意〕富里奥·塞鲁蒂、卢静主编《全球治理：挑战与趋势》，社会科学文献出版社，2014，第 16 页。
② 〔比〕马里奥·泰洛：《欧盟、全球治理与国际秩序》，载朱立群、〔意〕富里奥·塞鲁蒂、卢静主编《全球治理：挑战与趋势》，社会科学文献出版社，2014，第 160 页。
③ 〔加〕威廉·科尔曼：《世界秩序、全球化和全球治理》，周思成译，《中国治理评论》2013 年第 1 期，第 100~125 页。

观的世界秩序，并负责货币稳定、贸易通道畅通无阻等全球公共产品的供给。此外，在冷战结束之后，欧盟寻求出口其地区一体化、权力共享的模式，并在全球治理与优先事项方面扩大了其独特的话语权。全球治理并不等于世界政府，但是，国际、地区、民族国家以及非国家行为体间的有效合作，特别是在应对相互连接日益紧密的未来挑战方面，则是可能且可以实现的。①

意大利佛罗伦萨大学哲学系政治哲学教授富里奥·塞鲁蒂从哲学的视角分析了全球治理中对全人类具有致命性威胁的两个全球性挑战：核武器的存在与全球气候变化问题，并提出了"作为一个项目的全球治理"（global governance as a project）和基于规则的多边全球治理趋势。②

### 1.2.5　国际学界相关研究的局限与不足

虽然起步较早，但国外的全球治理研究仍存在一定的局限性和不足之处。

最为明显的便是，西方学者的研究存在难以克服的"西方中心主义"倾向与特征。虽然全球治理理论是从国际关系理论演变而来的新兴社会科学的新成果，但西方学者的理论主要反映西方世界、进入"后工业化"和"后现代化"的发达国家以及控制世界金融市场的跨国商业集团在全球化世界中的价值和利益。虽然对新自由主义的反思已经兴起，但从欧美学术界的主流来看，很多学者依然主张维持西方主导的经济全球化与"自由秩序"，继续倡议中国等新兴国家进一步加入现存国际经济制度。但与此同时，西方学界的一个共识是七（八）国集团可以与二十国集团并存，而非后者取代前者。

值得指出的是，近年来，不少西方全球治理学者，特别是认同"多极世界""多元世界"趋势的学者，试图建构真正的全球治理理论，即克服

---

① 美国国家情报委员会（NIC）、欧盟安全问题研究所（EUISS）编《全球治理2025：处在关键的转折点上》，载杨雪冬、王浩主编《全球治理》，中央编译出版社，2015，第321～343页。

② 〔意〕富里奥·塞鲁蒂：《全球治理的两个挑战：哲学的视角》，载朱立群、〔意〕富里奥·塞鲁蒂、卢静主编《全球治理：挑战与趋势》，社会科学文献出版社，2014，第1页。

"西方中心主义"，包容更多的非西方因素（如中国、印度等新兴国家在全球治理中的作用）。当然，需要注意的是，这一主张的目的之一便是更好地利用新兴大国的资源，使新兴大国在全球治理中承担更多的国际责任、提供更多的国际公共产品。

此外，西方学界关于全球治理的研究流派众多，由于引入这些理论的不均衡性，有的在中国颇为流行，而有一些在中国则并不具有影响力。更重要的是，西方的全球治理研究往往不能客观、平衡地看待中国与全球治理的关系，有的从批评的角度看待全球治理中的中国，有的则夸大中国在全球治理中的作用。

### 1.2.6　国内全球（经济）治理研究的相关状况

中国已成为世界经济中最重要的组成部分之一，但中国与世界经济特别是与现存全球经济治理之间的一些深层矛盾也进一步暴露出来。随着对全球化认识的不断深入，中国关于全球治理的研究展开已久。从最初研究经济全球化到后来全面研究全球化，近年来中国学者对全球化的认识不仅逐步深入，而且日趋全面（关注全球化的多层面和多样性）；不仅介绍西方和世界其他地区有关全球化的观点，而且提出了一系列独特的研究视角，不少作品业已问世。如北京大学俞可平教授主编的《全球化：全球治理》《治理与善治》，中国政法大学蔡拓教授主编的《全球治理与中国公共事务管理的变革》，中国人民大学庞中英教授主编的《中国学者看世界·全球治理卷》，以及近年来的专著《全球治理与世界秩序》《重建世界秩序：关于全球治理的理论与实践》，复旦大学陈玉刚教授所著的《超国家治理——国际关系转型研究》等，从不同的角度和层面探讨了全球治理的诸多重要内容，为全球治理研究在中国的进一步发展奠定了重要的学科基础。

国内学者对全球治理的内涵与外延进行了深入的探讨，着力点主要在于：分析全球治理的动因，探讨全球治理的原则、结构和局限，思考全球治理的价值冲突与解决路径，提出全球治理的具体模式，解读全球治理对国际法、国家主权的影响等。学者们对于全球治理中的集体行动困境、领导力与治理规范缺失等问题达成了共识，对于非政府组织的作用的看法也

基本趋同，但对于全球治理中的价值冲突存在认识上的分歧。① 如外交学
院秦亚青教授针对当前全球治理失灵的状态，指出了治理规则与理念的滞
后问题，并着重提出了多元主义、伙伴关系、参与实践的秩序理念。② 中
国政法大学蔡拓教授认为，中国参与全球治理的主导理念需要突破国家主
义的樊篱，进而上升至全球主义的新高度，在全球治理未来发展方面需要
倡导深度、有效、理性与和谐的全球治理。③ 中国社会科学院张宇燕教授
指出，全球治理的核心难点之一便是集体行动，集体治理难题的解决，需
要为不同国家提供相应的激励机制，而制定"非中性"的规则与寻求共同
利益则是两种可行的方法。④ 中国人民大学庞中英教授指出，基于中国视
角的全球治理研究，需要制定中国的全球治理战略，在理论上阐述解决全
球性问题的中国世界观，在实践上提出解决全球性问题的中国方案。⑤ 外
交学院卢静教授则认为新的全球治理应基于全面性、均衡性、渐进性以及
实效性的原则，构建兼顾公平与效率的新模式。⑥

　　具体到全球经济治理领域，这是近年来国内学者研究的热点之一。学
者们在既有传统的贸易、金融、汇率等单项研究基础上，着重把握时代大
背景下世界经济格局的变动所带来的影响和启示，将单项研究成功融入对

---

① 徐进、刘畅：《中国学者关于全球治理的研究》，《国际政治科学》2013 年第 1 期，第 89 ~
118 页；秦亚青：《全球治理失灵与秩序理念的重建》，《世界经济与政治》2013 年第 4 期，
第 4 ~ 18 页；蔡拓：《全球治理的反思与展望》，《天津社会科学》2015 年第 1 期，第 108 ~
113 页；庞中英：《全球治理的转型——从世界治理中国到中国治理世界?》，《国外理论动
态》2012 年第 10 期，第 13 ~ 16 页；庞中英、王瑞平：《全球治理：中国的战略应对》，《国
际问题研究》2013 年第 4 期，第 57 ~ 68 页；卢静：《全球治理：模式转变》，载朱立群、
〔意〕富里奥·塞鲁蒂、卢静主编《全球治理：挑战与趋势》，社会科学文献出版社，2014，
第 16 ~ 31 页。
② 秦亚青：《全球治理失灵与秩序理念的重建》，《世界经济与政治》2013 年第 4 期，第 4 ~
18 页。
③ 蔡拓：《全球治理的反思与展望》，《天津社会科学》2015 年第 1 期，第 108 ~ 113 页。
④ 《张宇燕：全球治理机制的建立非常必要》，中国网，2015 年 6 月 15 日，http://opinion.ch-
ina. com. cn/opinion_20_131720. html，最后访问日期：2021 年 6 月 2 日。
⑤ 庞中英、王瑞平：《全球治理：中国的战略应对》，《国际问题研究》2013 年第 4 期，第
57 ~ 68 页。
⑥ 卢静：《全球治理：模式转变》，载朱立群、〔意〕富里奥·塞鲁蒂、卢静主编《全球治
理：挑战与趋势》，社会科学文献出版社，2014，第 16 页。

格局和结构等宏大主题的诠释。[①] 在"为什么进行全球经济治理"这一问题上，学术界的一个基本共识便是：经济全球化是全球经济治理的基本动因，这主要源于"经济全球化与经济管理非全球化之间的矛盾"[②]。部分学者分析了从 G8 到 G20 的嬗变，如卢静教授的《试析八国集团的改革与发展前景》[③]，部分学者分析了金砖国家在全球治理中的地位与作用[④]，还有部分学者从不同的视角探讨了新时期全球经济治理的具体特定领域、全球经济治理的当前困境，以及中国在全球经济治理中的作用。如庞中英教授在《1945 年以来的全球经济治理及其教训》一文中从实践史和思想史的角度，回顾、总结了二战至今历次金融危机时全球经济治理的经验教训，以便在此基础上更好地理解和参与全球经济治理；[⑤]《霸权治理与全球治理》则详细阐释了全球治理中美国的霸权治理，以及全球治理与世界新秩序的走向。北京大学王勇教授指出亚投行的崛起将推动全球经济治理的改革，"欧洲国家加入亚投行可能预示着全球经济治理的一个新方向，即欧洲向中国等新兴经济体靠拢，使得全球金融政治的天平更加平衡"[⑥]。复旦大学朱杰进副教授提出了"G20 + 其他国际机制"的复合机制治理模式，"G20 机制设定世界经济议程、建立共识，其他国际机制则负责提供技术支持与执行方案"[⑦]，为二十国集团的转型提供了新的思路与研究视角。中国社会科学院世界经济与政治研究所徐秀军副研究员指出新兴经济体在推动全球经济治理结构转型方面，需要以自身实力为依托、获取更多的规则制定

---

① 徐进、刘畅：《中国学者关于全球治理的研究》，《国际政治科学》2013 年第 1 期，第 89 ~ 118 页。
② 周宇：《全球经济治理与中国的参与战略》，《世界经济研究》2011 年第 11 期，第 26 ~ 32 页。
③ 卢静：《试析八国集团的改革与发展前景》，《外交评论》2009 年第 5 期，第 117 ~ 123 页。
④ 庞中英、王瑞平：《从战略高度认识金砖国家合作与完善全球经济治理之间的关系》，《当代世界》2013 年第 4 期，第 5 ~ 8 页；江时学：《金砖国家在全球治理中的地位和作用》，《当代世界》2017 年第 10 期，第 29 ~ 32 页；米军：《金砖国家推动全球经济治理的路径选择》，《国外社会科学》2018 年第 3 期，第 87 ~ 92 页。
⑤ 庞中英：《1945 年以来的全球经济治理及其教训》，《国际观察》2011 年第 2 期，第 1 页。
⑥ 《亚投行推动全球经济治理再平衡》，新华网，2015 年 3 月 31 日，http://news. xinhuanet. com/world/2015 – 03/31/c_127641372. htm，最后访问日期：2021 年 6 月 2 日。
⑦ Jiejin Zhu, "G20 Institutional Transition and Global Tax Governance," *The Pacific Review*, Vol. 29, Issue 3, 2016, http://www. tandfonline. com/doi/abs/10. 1080/09512748. 2016. 1154687? journalCode = rpre20, accessed June 13, 2021.

权，进而"通过改变现行全球经济治理机制来塑造新的全球经济治理体系"，① 中国和其他发展中国家需在机构平台建设、议题设置及构筑重点国家和地区的经济安全防护网络方面加大投入。② 陈伟光、刘彬从构建人类命运共同体的视角分析了全球经济治理的困境与出路。③

在对全球（经济）治理相关文献进行梳理后不难发现，其中大多数是针对特定领域或议题的，而对基础理论或概念范畴的深入探析则相对较少，特别是欠缺完整的逻辑分析框架和浓缩理论的概念体系。而张宇燕、任琳的《全球治理：一个理论分析框架》则在批判性借鉴制度经济学与国际政治经济学既有成果的基础上，为全球治理研究建构了初步的理论分析框架。④

总体来看，国内学界对全球问题的认知尚处在初级阶段，全球治理研究仍是中国国际问题研究中一个相对比较薄弱的环节。这具体表现在：其一，被引入的西方全球治理理论尚未被"中国化"；其二，中国学者原创性、具有国际影响力的全球治理观点并不多见；其三，中国学者尚未提出具有国际影响的全球治理方案，如关于未来国际货币体系的中国方案；其四，国际宏观经济政策协调甚至"宏观经济政策合作"（2011 年，时任国家主席的胡锦涛访美时与美国总统奥巴马发表《中美联合声明》，提到中美宏观经济政策合作），是全球经济的核心，但对于到底如何进行宏观经济政策协调与合作，包括二十国集团正在进行的成员宏观经济政策"相互评估进程"（Mutual Assessment Process），中国国内尚缺乏独创性的研究；其五，地区层次与范围的经济合作是全球经济治理的主要形式之一，亚洲金融危机以来，中国积极参加东亚经济合作特别是东亚货币金融合作（清迈倡议），并取得了一定的进展，但我们对地区经济治理与全球经济治理的

① 徐秀军：《新兴经济体与全球经济治理结构转型》，《世界经济与政治》2012 年第 10 期，第 49 页。
② 徐秀军：《中国参与全球经济治理的路径选择》，《国际问题研究》2017 年第 6 期，第 28 ~ 39 页。
③ 陈伟光、刘彬：《全球经济治理的困境与出路：基于构建人类命运共同体的分析视阈》，《天津社会科学》2019 年第 2 期，第 74 ~ 80 页。
④ 张宇燕、任琳：《全球治理：一个理论分析框架》，《国际政治科学》2015 年第 3 期，第 1 ~ 29 页。

关系仍有待进一步的认识；其六，一些国际机构及学者已经提出"全球安全治理"的目标和任务，这得到了国内的部分认可，上海合作组织等也支持地区安全治理，但由于安全治理直接涉及传统主权问题，究竟该如何理解与进行全球安全治理，尚待进一步研究；其七，全球（国际）发展问题是全球经济治理的主要内容之一，作为"最大的发展中国家"、最重要的"新兴经济体"，中国被非洲等的发展中国家寄希望带动其发展，但中国在国际发展援助中的做法，如"不附加政治条件"，则引起了国际上的不少争议。

## 1.3　采用的研究方法

法国年鉴学派历史学家布罗代尔（Fernand Braudel）曾经指出，"长时段是社会科学在整个时间长河中共同从事观察和思考的最有用的河道"①。本研究注重采用"长时段"的历史研究方法对全球治理的历史（从起源至今）进行整体考察，在全球经济治理方面则回顾与总结了 1945 年以来的经验教训。虽然全球治理的真正兴起迄今尚不足 30 年，但其波澜起伏的历程已构成一幅多彩绵长的历史画卷，本书使用"伸缩镜头"把"微观写真"与"宏观取景"结合起来，并选取其中一些"历史性的关键节点"加以阐释。

本书采用比较研究法，选取七（八）国集团、二十国集团、金砖国家为对象，在其代表性、合法性、有效性等方面进行比较，分析其在全球经济治理及转型中作用的差异及相互关系，进而提出建构以七国集团与金砖国家的协同领导为新领导力、以二十国集团为多边合作平台的全球经济治理领导集团新模式。对于美国、欧洲作为自由秩序的制定者，在内部秩序的外部扩张方面，以及对待新兴国家群体性崛起、霸权治理时代结束、多元化治理时代开始这一趋势的态度与策略等方面，本研究也进行了比较

---

① 〔法〕布罗代尔：《历史和社会科学：长时段》，《史学理论》1987 年第 3 期，转引自孙晶《布罗代尔的长时段理论及其评价》，《广西大学学报》（哲学社会科学版）2002 年第 3 期，第 80 页。

分析。

本研究还采取"定性"方法与"定量"方法相结合的"混合方法论"（Mixed Methodology）进行分析。一方面重视"实然"方面的跨国关系、全球历史、全球化分析，特别是重视 2008 年金融危机以来全球经济治理面临的困境与挑战，以及二十国集团、中国在其中所发挥的作用；另一方面，兼顾全球经济治理的转型方向以及面向未来中国参与全球经济治理的"应然"与规范方面的分析。

此外，积极参加国内、国际全球治理研究学术会议，加强与国外学者和研究机构的学术交流，把研究建立在充分了解中国和国际相关学术动态的基础上；同时注重调查研究，前往国外进行专题国际调研，参加多场国际学术会议，增进与欧洲学者的学术交流，积极把握全球经济治理领域相关研究的最新动态。

## 1.4 本研究的重点、难点及创新之处

第一，对社会科学中的全球治理理论 20 多年（1990～2016）的发展及其前史进行总结。本书的基础是，在考察全球治理理论前史（即此前源远流长的全球治理思想）和当代全球治理理论的基础上，力图开展一项全面的知识梳理、回顾、批评与借鉴工程，进而指出过去与当前的"全球治理"并不具有真正的"全球"意义。

第二，联合国诞生至今，经历了美苏（东西方）冷战、意识形态的对抗、中国对外开放加入国际体系、经济全球化及其危机等，全球治理的理论与实践饱受国际政治过程与国际政治思潮的各种影响，20 世纪 70 年代后"新自由主义"与"华盛顿共识"主导了全球治理，直至 2008 年全球金融危机的爆发。本研究意在宏观而具体地把握在这一历史时段中全球治理的演变过程，分析新时期全球经济治理所处的困境，并阐释在二十国集团助推下全球经济治理转型的必然性与方向。而且，本研究着重指出，从七（八）国集团到二十国集团，这本身就代表着全球经济治理的转型与未来的发展方向——更加包容、更具全球性。当前，肩负历史重任的二十国

集团只有与时俱进，首先实现自身的转型，才能更好地推动全球经济治理的转型。

第三，鉴于当前全球治理制度体系合法性、有效性双重赤字且国际领导乏力的状况，以及新兴国家群体性崛起将终结全球经济治理以七（八）国集团为领导核心的时代，本研究提出建构以七国集团与金砖国家的协同领导为新领导力、以二十国集团为多边合作平台的全球经济治理领导集团新模式。

第四，对于如何进行全球层面的宏观经济政策协调与合作，包括二十国集团正在进行的成员宏观经济政策"相互评估进程"，中国国内尚且缺乏独创性的研究。有鉴于此，本研究结合中国、欧盟在应对欧债危机中的合作，提出推动全球经济治理转型的"相互治理进程"（Mutual Governance Process）。

第五，中国领导人参加如二十国集团峰会等首脑会议时通常会提出一些建议，但中国尚未形成关于全球治理的一整套系统且影响力广泛的策略。从学科研究的角度来看，提出中国参与全球经济治理的可行策略并非易事；尽管如此，本研究还是迎难而上，从"长时段"视角分析中国融入现有国际经济制度和全球经济治理框架的过程、经验及问题，以及中国在全球经济治理转型中的作用，进而尝试提出中国的全球经济治理策略。

# 1.5　主要框架及提纲

世界治理思想源远流长，作为世界治理思想长河中最现代的一段，全球治理理论于 20 世纪 90 年代在西方兴起。因而本书研究对象的时间，主要集中在 20 世纪末至今的时段。本研究的基本内容围绕着全球经济治理及其转型而展开。在研究目标方面，本书旨在：一是追根溯源，从历史和理论两方面对全球治理的起源和演变进行梳理，探明这一概念的内涵和本质特征；二是分析多边层面七（八）国集团、二十国集团包括其重要组成部分金砖国家在全球经济治理中所发挥的作用；三是阐释二十国集团之前的美国霸权治理和二十国集团开启的多元化治理，分析二十国集团在全球经济治理转型中的作用，强调二十国集团只有与时俱进，首先实现自身的转型，才能更好地推动全球经济治理的转型；四是提出建构以七国集团与金砖国家的协同领导为新领导力、以二十国集团为多边合作平台的全球经济治理领导集团新模式，并指出"相互治理进程"可以进一步推动全球经济治理的转型；五是分析中国在全球经济治理及其转型中的作用，尝试提出中国的全球经济治理策略。

　　本研究旨在探讨新形势下二十国集团与全球经济治理的转型，具体来说，本研究的主要问题如下：（1）二十国集团（包括其重要组成部分金砖国家）在全球经济治理中的作用是什么，新形势下的二十国集团将向何处去？（2）在全球经济治理从霸权治理向多元化治理的转型中，二十国集团又发挥着什么作用？（3）在当前国际形势发生深刻变化的背景下，中国面向未来如何自我定位，中国在全球经济治理转型中又发挥着什么作用？

# 第 2 章
## 全球治理的起源、内涵与现状

作为国际问题研究，全球治理研究必然涉及对基本概念的界定，但这只是分析的起点之一，意在为下述章节的具体研究奠定概念与理论基础。尽管"全球治理"是一个现代社会科学概念，但关于世界治理的思想源远流长。回溯历史，全球治理究竟源自何处，其基本内涵包括哪些方面，当今的全球治理又处于何种状态，本章将对这些问题一一做出解答。

## 2.1 全球治理的起源

### 2.1.1 全球治理起源的历史说明

全球治理的起源可以追溯至产生于 19 世纪、崩溃于一战前的欧洲协调（European Concerts），这是全球治理在欧洲的最早实践。此后，在第二次世界大战期间，1943 年，美国《星期六晚邮报》刊登了《罗斯福的世界蓝图》，此文可谓透露了罗斯福总统关于在战后建立以美国为中心的世界新秩序的设想，其具体措施是构建由美国发挥主导作用的联合国与全球经济体系。在随后的 1945 年，杜鲁门总统在国情咨文中表示胜利已把美国推向了领导世界的舞台。"罗斯福的战后蓝图基本上是威尔逊主义的。他谋求建立政治上贯彻自决原则、经济上门户开放的自由国际主义战后秩序，并且谋求以基于大国协调的真正有效的世界性国际组织维护和保障这种秩序。"①

---

① 时殷弘：《现当代国际关系史（从 16 世纪到 20 世纪末）》，中国人民大学出版社，2006，第 227 页。

美国自第二次世界大战后倡导的世界秩序是一种基于发达工业化国家之间的共同利益和价值观念建构而成的自由霸权秩序，而资本主义及其民主制度、开放市场、多边制度等所构成的国际秩序为其奠定了基础。

1945年初正式成立的雅尔塔体系被认为是现代全球治理的起点，它的中心是联合国与其专属机构和相关部门，这一体制下的具体形态则包括国际货币基金组织（IMF）、世界银行（World Bank）、关税与贸易总协定（GATT）等。

1945年10月24日，由来自50个国家的代表于美国旧金山签署的《联合国宪章》开始生效，这是联合国正式成立的标志。作为世界上第一个真正意义的普遍性国家间组织，自创立以来，联合国一直在不遗余力地推动世界各国在经济发展、国际安全、世界和平等方面的沟通与合作。

然而，在漫长的冷战时期，联合国的表现却让人印象深刻：它在人们寄予厚望的维护和平方面所起的作用似乎微不足道。例如，美苏之间的很多根本性议题、阿拉伯国家与以色列之间的冲突等，都是在联合国框架之外得以解决的。在后冷战时期，联合国也远没有克服干扰其推动集体安全与国际组织发展的一系列难题。事实上，"联合国"这一概念并不确切，它具有浓厚的理想主义色彩，且暗含一定的误导性。①

虽然联合国崇尚普世价值，但在某些方面却有一定的欠缺：虽然联合国会做出决策，但其执行力度仍显不足；虽然它对违反规则的国家做出相应的制裁，但也会找到挽回其面子的某种方案。我们不能忽视联合国的象征意义、戏剧色彩的重要性，但也不能忽视它主张的高尚原则与现实之间的矛盾，以及与其历程相伴随的纷繁争议。

当然，联合国在维护世界和平，缓和国际紧张局势，解决地区冲突，协调国际经济关系以及促进世界各国经济、科学、文化的合作与交流等方面，所发挥的重要积极作用仍是不容忽视的。

为了更好地发挥其潜能，联合国亟待改革，虽然这是一个艰难的历程。为了赢得大多数国家的支持，政府间机构的改革通常需要形成一个政治利益联盟；但由于各国的利益不同，这种联盟只能在狭窄的范围内短暂

---

① 〔英〕亚当·罗伯茨、〔新西兰〕本尼迪克特·金斯伯里主编《全球治理——分裂世界中的联合国》，吴志成等译，中央编译出版社，2010，第21页。

地出现。而且，一国政府不可能长久地对一个国际组织给予高度的关注，其更多地依靠专家的引导与建议。此外，《联合国宪章》的修改必须得到 2/3 成员国的同意和 5 个常任理事国的批准这一最低限度的改革程序，无疑将改革的否决权授予了对改革设置障碍最多的国家。

1944 年 7 月，布雷顿森林体系在联合国国际货币金融会议上得以确立，在该体系下，美元与黄金挂钩、其他国家货币则与美元挂钩，并实行固定汇率制度。国际货币基金组织、世界银行则是这一多边经济制度下的两大国际金融机构，分别负责向成员提供短期资金和中长期信贷，从而维护世界经济的复苏与稳定。

布雷顿森林体系确立了以美元为中心的世界货币体系，是依照美国自身的原则实现其经济霸权的体制。它有助于国际金融市场的稳定，在一定程度上促进了战后资本主义世界经济的复苏与发展。但是，由于资本主义发展固有的内在不平衡性，主要资本主义国家经济力量对比的不断变化以及美国经济危机、美元危机的频繁爆发，布雷顿森林体系固有的矛盾与缺陷逐渐凸显，于 1973 年宣告结束。

冷战后期以来，布雷顿森林机构的角色一直备受争议。例如，关税与贸易总协定在体制与规则上存在着诸多局限性。在规则制定之初，以美国为首的西方发达国家利用其先进的贸易知识与技巧，对关贸总协定的规则本身制造了"缺陷"，然后在贸易过程中进行侵蚀和渗透，利用这一协定为本国经济发展争取最大的贸易利益。而且，西方发达国家还掌握着关贸总协定的决策权以及具体条款的充分解释权，以至于许多重要的贸易原则都在不同程度上维护其利益。此外，有些规则缺乏法律约束和监督机制，存在着"灰色区域"，部分条款具有歧视色彩，这影响了关贸总协定的权威性以及规则的实施。种种弊端使关贸总协定最终在 20 世纪末 (1995) 被世界贸易组织 (WTO) 所取代，尽管如此，上述情况并未在根本上得到改变。

世界贸易组织成立的初衷是监督新的全球秩序并确保其合法性，然而，世贸组织框架下的不公平决策依旧存在，而处在这一体制下的大多数发展中国家只能被动接受。例如，"密室会议"便是世贸组织备受诟病之处，它不透明的决议方式把大多数发展中国家排除在外，且并不做出相关解释，如 1999 年西雅图、2001 年多哈及 2003 年坎昆部长级会议均采用了这种方式，以致会议未能取得预期成果甚至无果而终。此外，西方发达国家对世贸组织许多例外原则进行合法的利用和逃避，这引发很多不满，例如，1999年美国西雅图发生的反全球化事件就是对西方发达国家的强烈抗争。[1]

20世纪70年代，由于"凯恩斯革命"无法解决西方严重的"滞胀"问题，撒切尔夫人坚决推行新自由主义政策，主张实行私有化、市场化、自由化，与时任美国总统里根一起引领了西方国家经济政策与政府治理的转型。但是，在新自由主义下，西方发达国家凭借其政治优势，以国际组织的名目向广大发展中国家扩展其经济利益，致使广大发展中国家大量资产外流，国内政治经济制度在资本和贸易的加速流动下遭到严重侵蚀；此外，西方发达国家一方面要求其他国家对外开放，另一方面却对本国内的农业市场实行保护政策。[2] 这在很大程度上反映出新自由主义政策的实质不过是以美国为首的西方发达国家以自身利益为出发点，向广大发展中国家推行新殖民主义的思想武器，是霸权式的资本主义全球化。

后冷战时期，全球性挑战日益涌现，2008年金融危机已为我们敲响了警钟，要求世界各国对全球经济治理进行深刻反思，并为寻找长期有效的解决方案而不懈努力。但直到今天，在新冠肺炎疫情的剧烈冲击下，西方大国依然在努力弱化联合国及其他国际组织等全球多边机构。

可以看出，早期的全球治理是战后西方大国为规划世界蓝图而彼此之间协商合作的产物，它的规则与机制由西方发达国家制定，其本质是帝国治理和霸权治理。在应对纷繁复杂的全球性问题时，霸权主义与强权政治频频出现，广大发展中国家在不同程度上被边缘化。如此"先天不足"又"后天畸形"的全球治理，一直没有得到健康的成长，因而并不具有真正的"全球"意义。

### 2.1.2 全球治理起源的理论说明

如同现实主义最根本的概念是权势，对于自由主义而言，其最根本的

---

[1] 曹俊汉：《全球化与全球治理：理论发展的建构与诠释》，（台北）韦伯文化国际出版有限公司，2009，第12~13页。

[2] 曹俊汉：《全球化与全球治理：理论发展的建构与诠释》，（台北）韦伯文化国际出版有限公司，2009，第12~13页。

概念则是理性；作为一个社会政治概念，从自然法观念到洛克自由主义学说，再到边沁功利主义，在此千余年间，理性一直扮演着核心的角色。[①] 从自由主义（理性主义）哲学的渊源——神学家托马斯·阿奎那所代表的"正义战争理论"，到16世纪维多利亚、17世纪格劳秀斯等先哲的发展，再到18世纪的启蒙思想家以及19世纪的英国自由国际主义者的沿袭与拓展，及至20世纪美国总统威尔逊等对自由国际主义的传承，[②] 这一思想传统可谓薪火相传。在自由主义者看来，国际体系虽然缺乏最高权力，但有着理性与共同的规范，对外政策则旨在强化规范，弱化甚至消除非理性的因素。始于18世纪启蒙思想家的时代，自由主义国际关系思想可被称为"自由国际主义"，而理性个人与跨国交往则是其最根本的前提。[③]

自由主义国际关系思想传统脉流作为渊源在当代自由主义国际关系理论中的主要表现——相互依存理论和新自由主义，在理论层面就包含着全球治理的思想。

哈佛大学经济系理查德·库珀教授早在1968年的《相互依存经济学——大西洋社会的经济政策》中就曾指出，相互依存是20世纪60年代工业化国家之间出现的一个强劲趋势；正是这一趋势，把相互依存理论推上了当代西方国际关系理论的舞台。罗伯特·基欧汉和约瑟夫·奈在《权力与相互依赖》的开篇也谈道，人类生活在一个相互依存的时代。[④]

相互依存理论强调国家之间的相互敏感性与脆弱性；国家所面临的环境、能源、发展等问题早已演化为世界各国共同面对的全球性问题，亟待国际社会的共同努力；国际事务的传统等级次序被打破，传统的国家安全、国家利益等"高级政治"逐渐让位于经济发展、粮食问题等"低级政治"；缓和、开放、合作逐渐占据国际关系的主导地位，这一相互依存的趋势将促进全人类共同利益的最终形成。相互依存理论的出现带来了一种全新的思路与议程，为当代自由主义国际关系理论的迅速发展打下了坚实

① 时殷弘：《自由主义与美国对外政策》，《现代国际关系》2005年第6期，第34~37、44页。
② 时殷弘：《自由主义与美国对外政策》，《现代国际关系》2005年第6期，第34~37、44页。
③ 时殷弘：《自由主义与美国对外政策》，《现代国际关系》2005年第6期，第34~37、44页。
④ 〔美〕罗伯特·基欧汉、约瑟夫·奈：《权力与相互依赖》，门洪华译，北京大学出版社，2002，第1页。

的基础，同时也为全球治理理论的兴起做出了充分的铺垫。

自20世纪七八十年代以来，随着高新科技革命的兴起、生产力的巨大进步以及资本主义由国家垄断向国际垄断的发展，在古典自由主义思想基础上发展而来的新自由主义，逐渐从原来的理论化、学术化演变为政治化、范式化，并成为西方大国全球一体化理论的重要内容。1989年，"华盛顿共识"的提出被视为其标志性事件。美国政治分析家、语言学家诺姆·乔姆斯基在专著《新自由主义和全球秩序》中指出，新自由主义的"华盛顿共识"是由美国政府及相关国际经济组织制定、以市场经济为导向的理论。[①]新自由主义的目标之一便是推行以市场经济为导向的自由放任政策，这种思想有利于全球化理论的建构，在学术层面对全球化理论做出了一定的充实。[②]

现实主义对冷战期间的东西方对抗做出了有力的解释，随着冷战的结束，全球治理模式的变动日渐明显，但新现实主义认为全球治理的模式并未发生实质性的变动。然而，时代在变，世界也在变。新形势下，我们所关注的主要问题是全球治理的渐进式演变与转型。虽然现实主义仍将是政治观察的重要指南，但全球治理模式的变动需被放入世界变革之中进行分析。

有关全球化的争论也在一定程度上推动了全球治理理论的兴起。谈到全球治理，自然离不开全球化发展这一重要因素。全球化主要指"商品、资金、信息等在世界范围内的自由流动，经济要素则在世界范围内加以合理有效的配置"[③]。可以说，全球化既是一种社会现象，也是历史发展的一个必然过程，还是思想在不同时代所体现的潮流。在一定意义上，全球化其实就是一个使全球性日益加深其厚度的过程。[④]

从厚薄的角度来诠释全球化及全球性是基欧汉与奈在全球化方面的一

---

① 〔美〕诺姆·乔姆斯基：《新自由主义和全球秩序》，徐海铭、季海宏译，江苏人民出版社，2000。

② John Shields and B. Mitchell Evans, *Shrinking the State, Globalization and Public Administration "Reform"*, Canada: Fernwood Publishing, 1998, pp. 14 – 35.

③ 〔美〕约瑟夫·奈、约翰·唐纳胡：《全球化世界的治理》，王勇、门洪华等译，世界知识出版社，2003，译者序第5页。

④ 曹俊汉：《全球化与全球治理：理论发展的建构与诠释》，（台北）韦伯文化国际出版有限公司，2009，第12~13页。

大创建，也是对全球性的阐释尤为成功之处。[1] 伴随着在治理层面国内问题与全球性问题的逐渐对接，全球化与全球治理的探讨日渐成为一个主流研究趋势。

在过去的几十年里，全球化的发展主要体现在经济结构量与质的双重变化。自"9·11"事件后，经济全球化趋势受挫，全球化理论受到了一定的挑战：反全球化者认为全球化的发展难免将破坏国家的自主性和发展特质，即遏阻本土化的发展、断绝自身文化的根苗；而全球化的支持者则认为有些事情比丧失自身文化更可怕，那便是被自身的文化禁锢和束缚。对此，斯坦利·霍夫曼认为，这种情况只是全球化的冲突，而不是全球化的消逝。2003 年以来，有关全球化的争论进入新的层面：争论的焦点不再是反对与否，而在于全球化的效果如何。但近年来，逆全球化的声音甚嚣尘上，特别是新冠肺炎疫情暴发以来，全球化的发展遭受重挫。

我们需要从宏观的视野，而不仅仅从国家与市场的视角来认知全球化这一全球变革的主要因素，进而深入而全面地理解全球治理。无论全球化是时代的新发展，还是一个只有在历史上更为引人注目的事件沉寂之后才得以显现的现象，对全球化的情绪性支持或反对都是不理性的。我们应充分利用全球化这把"双刃剑"，努力创建适合全球发展的新框架。

全球治理这一概念让我们可以站在一定的高度来理解全球变革的深层根源及其政治含义，全球变革表现出三个方面的特点。

首先，全球治理的权威场域随着治理的整合与分散而迁移，罗西瑙最先提出这一观点，并认为"渗透性趋势……这种变迁也存在于政治体系"[2]。他同时指出，在表现形式上，全球治理具有多样性的特点，即整体化与分散化、全球化与区域化并存。[3] 而且，多样且易变的治理形式已经渗透人类生活的方方面面，从微观层面考察治理重构将成为我们观察全球化世界、分析全球变革的重要视角。

---

[1] David Held et al. , *Global Transformations: Politics, Economics and Culture*, Cambridge: Polity Press, 1999, pp. 21 – 22.

[2] James N. Rosenau, "Governance in the Twenty-first Century," *Global Governance*, Vol. 1, No. 1, 1995, p. 18.

[3] James N. Rosenau, "Governance in the Twenty-first Century," *Global Governance*, Vol. 1, No. 1, pp. 13 – 14.

其次，全球市民社会的出现，是全球治理概念凸显的一个长远现象，也是全球变革的另一重要特征。这一思想与实践可追溯到18世纪的自由主义，20世纪80年代东欧的政治活动则在一定程度上使其在当代得以回归。

最后，七（八）国集团中的精英在世界政治经济重组过程中发挥着重要作用，这是全球变革的第三个重要特征。罗伯特·考克斯也曾强调这一力量的重要性，并在历史研究方法下，指出在不同的历史时期，全球治理的社会力量具有不同的表现形式，且提出了未来全球治理的三种趋向：其一是结合"后全球化"的力量，把世界经济置于社会规范的框架之内，如环境保护运动的潜在倾向；其二是关于原住民或移民的"后威斯特法利亚"运动；其三则是在"后霸权"时代，重新兴起的文明或将在一定程度上影响着未来的世界秩序。[1]

斯蒂芬·吉尔则把跨国政治－意识形态倾向的全球治理研究继续向前推进，指出"全球精英"[2]决定着全球治理的方向，世界经济论坛、三边委员会、八国集团峰会及其扩大会议等，均在不同程度上增进了这些共识。

此外，以全球化为导向的知识精英与权威的重要作用也促进了全球治理这一概念的广泛使用。

除了相互依存理论和新自由主义，全球治理理论的另一根源是国际规制理论。国际规制理论者使用全球治理的概念源于对国际规制模式变迁的追溯，这一理论在20世纪80年代达到鼎盛。也有学者曾经指出，国际规制理论的关注在于"国际治理"。[3]

国际规制理论较少关注全球变革的整体意义，在一定程度上忽视了国际组织的作用，因而出现了一些瓶颈；而全球治理概念则把规制放进治理体系，突出国际政策协调模式的变革，这正是我们研究从国际规制到全球治理的缘由。

---

[1] Robert W. Cox, "Towards a Post-Hegemonic Conceptualization of World Order: Reflections on the Relevancy of Ibn Khaldun," in Robert W. Cox with Timothy J. Sinclair, *Approaches to World Order*, Cambridge: Cambridge University Press, 1996.

[2] 所谓"全球精英"乃是指以"新立宪主义"为主要特点，通过对日常生活规则与行为的调节而形成市场文明，进而指导或影响全球发展策略的人士。他们并非同质化的团体，但其自20世纪70年代以来逐渐扩大的权力值得重视。

[3] 俞可平主编《全球化：全球治理》，社会科学文献出版社，2003，第40~41页。

全球变革使国际组织的传统环境发生了根本性的变化，这在一定程度上促进了全球治理概念的普及。全球治理流派的理论源泉之一是，冷战结束后，人们期待着联合国及其相关机构进入一个新的开创时期，在摆脱超级大国对峙僵局后能够进行人道干预，进而成为全球治理的有效机构；另一理论源泉则是主要的国际组织如七（八）国集团、国际货币基金组织、世界贸易组织等在推进世界经济全球化方面发挥重要作用；第三个理论源泉则是市民社会的兴起与发展。因此可以说，冷战的结束、经济全球化的日益发展、市民社会的逐渐兴起在很大程度上使应对全球性挑战的国际政治舞台发生了深刻的变化，这是进行全球治理研究的关键理念。①

在一定程度上，全球治理无疑是自由主义传统与全球主义的融合。我们看到，在理解全球变革的过程中，全球治理理论已经兴起，全球治理概念正变得越来越引人注目。

21 世纪是全球治理的世纪，人类进入一个无国界限制的全球治理时代。

## 2.2　理解全球治理的内涵

### 2.2.1　关于"治理"的概念

"治理"这一概念源自古典拉丁语与古希腊语的 steering，意指支配、引导或操纵。正如治理问题专家鲍勃·杰索普（Bob Jessop）曾指出的那样，20 世纪 90 年代至今，"治理"在西方学界大行其道。究其原因，就在于在全球化浪潮的冲击下，世界政治过程的重心也在不断地演进：从统治转向治理，从善政转向善治，从政府的统治转向没有政府统治的治理，从主权国家的政府统治转向全球治理。②

于是，国际社会开始普遍关注与重视治理、善治、全球治理等概念。例如，"少一些统治，多一些治理"便是"第三条道路"倡导者们的目标之一。1992 年世界银行发布题为《治理与发展》的年度报告，1996 年联

---

① 俞可平主编《全球化：全球治理》，社会科学文献出版社，2003，第 2 页。
② 俞可平主编《全球化：全球治理》，社会科学文献出版社，2003，第 2 页。

合国开发计划署发布年度报告《人类可持续发展的治理、管理的发展和治理的分工》等。

对于治理的含义，西方学者们见仁见智，纷纷做出了许多分析与界定。美国著名国际关系学者罗西瑙曾在著作中明确指出治理与政府统治的区别：治理即活动领域里一系列由共同目标支持、未得到正式授权、主体也未必是政府且无须强制力量却能有效发挥作用的管理机制。罗茨（R. Rhodes）认为治理意味着一种条件与方法均发生了变化的新的统治过程。约瑟夫·奈、约翰·唐纳胡则把"治理"定义为在正式与非正式的指导下限制团体集体行动的机制和程序。①

1995年，"全球治理委员会"在联合国成立50周年之际发布全球治理报告《天涯成比邻》，对"治理"做出了代表性、权威性的界定：公共或私人机构利用诸多方式来对共同事务进行有效管理，并在集体行动的持续过程中，通过正式、非正式的制度和规则来进行各方利益的协调。②

区别治理（governance）与统治（government）是理解"治理"概念的前提。让－皮埃尔·戈丹也曾指出，治理自始便要与传统的政府统治区别开来。③ 治理和统治都需要权力和权威，也都是为了维护良好的社会秩序，但两者在主体、权威的来源与性质、权力的运行向度、管理范围等方面有着显著的区别。

治理这一概念被提出的直接原因在于它在一定程度上弥补了国家、市场在社会资源配置方面的不足；不过，治理也有着内在的局限，它不能取代国家与市场。有效的治理是对国家与市场的有益补充，但在社会资源配置过程中同样存在着治理失效的可能。由此，"善治"的概念应运而生。

在国家及政府出现之后，古今中外皆把"善政"奉为理想的政治管理模式，但这一枝独秀的局面自20世纪90年代后遭遇了"善治"的严重挑战。俞可平教授在《全球化：全球治理》中谈道，"善治"是在最大程度

---

① 〔美〕约瑟夫·奈、约翰·唐纳胡：《全球化世界的治理》，王勇、门洪华等译，世界知识出版社，2003，第10页。

② 〔瑞典〕英瓦尔·卡尔松、〔圭〕什里达特·兰法尔主编《天涯成比邻——全球治理委员会的报告》，赵仲强等译，中国对外翻译出版公司，1995，第2～3页。

③ 〔法〕让－皮埃尔·戈丹：《现代的治理，昨天和今天：借重法国政府政策得以明确的几点认识》，陈思译，《国际社会科学杂志》（中文版）1999年第1期。

上实现公共利益的社会管理过程，它是一种新型的政治国家与市民社会关系。其基本要素为合法性、法治、透明性、责任性、回应、有效性、参与、稳定、廉洁与公正。[1]

传统的政府统治理论以国家为界，而治理、善治理论则扩展到了超国家层面，治理的分析框架应用在国际层面，如此一来，全球治理理论也就应运而生。

### 2.2.2　全球治理的基本内涵

20 世纪 90 年代全球治理理论在西方兴起，但对这一概念，学术界至今仍未形成一致的界定。但全球治理并不是要么包罗万象要么空无一物的模糊概念，而是有着真实的内涵。

詹姆斯·罗西瑙把"全球治理"定义为从家庭到国际层面的多层次管控体系，通过具有国际影响的控制来达到治理的目标。[2] 奥兰·扬等新自由主义国际机制论者更侧重认为全球治理实则是以民族国家为主要行为体、各种国际机制的总和。[3] 俞可平认为，全球治理指通过构建具有一定约束力的国际规制来有效应对与日俱增的全球性问题，进而维持正常的国际秩序，其核心内容是改革、发展、完善国际政治经济秩序以及全球规则、制度。[4]

全球治理概念及理论的提出与逐步深化在一定程度上是对传统国际关系理论的挑战。与传统国际关系理论"国内社会""国内治理"与"国际社会""国际治理"泾渭分明有所不同的是，全球治理理论探寻怎样把全球化的世界作为集体存在来进行共同治理。[5]

全球治理作为理论框架，其基本理论假定为：全球资源是有限甚至稀

---

① 俞可平主编《全球化：全球治理》，社会科学文献出版社，2003，第 9 页。

② James N. Rosenau and Ernst-Otto Czempiel, eds., *Governance without Government: Order and Change in World Politics*, Cambridge: Cambridge University Press, 1992.

③ Oran R. Young, *International Governance: Protecting the Environment in a Stateless Society*, Ithaca: Cornell University Press, 1994, pp. 1 - 22; Oran R. Young, ed., *Global Governance: Drawing Insights from the Environmental Experience*, Cambridge: The MIT Press, 1997, pp. 283 - 284.

④ 俞可平主编《全球化：全球治理》，社会科学文献出版社，2003，第 26 页。

⑤ 庞中英：《关于中国的全球治理研究》，《现代国际关系》2006 年第 3 期，第 60 ~ 62 页。

缺的，而人类的需求则是与日俱增的；参与全球治理的行为体均追求自身利益最大化；在一系列全球性问题上，全球治理博弈者存在一定的共同利益；缺乏具有权威的世界政府。

全球治理的基本要素包括其价值、主体、客体、规制、效果以及模式六个方面。由此，学者们的研究通常包括"为什么需要治理，由谁来进行治理，究竟治理什么，怎样进行治理，将会达到什么样的治理效果"这些具体方面。

全球治理的价值，即其倡导者在全球范围内欲实现的理想目标。对此，全球治理委员会呼吁共同倡导为全世界所接受的尊重生命、自由、正义等核心价值。[1]

全球治理的主体，即全球治理的组织机构，基本上可以分为三类：（1）各国政府及其相关部门；（2）正式的国际组织，如联合国、世界银行、国际货币基金组织等；（3）非正式的全球市民社会组织。[2]

关于这些主体在全球治理中的作用，学者们莫衷一是。部分学者认为应建立超越国家的世界政府；另一部分学者则意在建立由各国政府或其他实体所支持的、促进共同理解与行动的制度化权威；还有一些学者强调，虽然传统国家主权在全球化的浪潮下受到了一定的削弱，但主权国家仍将是未来全球治理的主导。此外，全球市民社会在全球治理中所发挥的作用日益受到学者们的关注。罗西瑙曾提出全球治理主体的"权威空间"这一新概念，并强调它具有很大的灵活性，而全球治理主体不再仅仅是主权国家与政府。还有一些学者强调"全球精英"在全球治理中的特殊作用，这有可能导致出现"专家政治"。

全球治理的客体，即需要国际社会共同努力解决的一系列全球性问题，具体包括生态环境、国际经济、基本人权等方面，这一跨国性的特点呼唤国际社会携手共同应对。

全球治理的规制，是指维护正常世界秩序的一系列规则体系，它处于全球治理的核心地位，使"没有政府统治的治理"成为可能，且这一制度

---

[1] 全球治理委员会：《天涯成比邻》（*Our Global Neighborhood*），牛津大学出版社，1995，第46页。

[2] 俞可平主编《全球化：全球治理》，社会科学文献出版社，2003，第15页。

性安排具有广泛的职能。当前制度建设的一个基本理念就是通过国际制度使国际社会朝着法治的方向发展。①

全球治理的效果，即国际规制的有效性问题。"国际规制的绩效，在很大程度上受到自身的制度安排和相应的社会、环境条件等因素的影响，具体来讲，如国际规制的透明度、适应性、完善度等。"②

全球治理的模式，源自全球治理主体的多元化及其在国际体系中的不同地位，主要包括国家中心治理、有限领域治理、网络化治理、多层治理等模式。

全球治理的发展阶段大致为：从1945年左右联合国与布雷顿森林体系诞生到1975年七国集团成立，这一阶段可谓"旧的全球治理"；从20世纪70年代末中国实行改革开放到21世纪初期，旧的全球治理日渐无法应对世界复杂而深刻的变化，这是第二阶段；从2008年金融危机爆发至今，全球治理被提升到了前所未有的高度，对原有国际制度的改革、全球治理的转型等成为这一阶段的显著特点。

作为一个多层次、多角色、多维度的体系，全球治理是一个复杂、互动的决策过程。因此，为实现更多的社会正义与人类福祉，全球治理体系需朝更加负责、更加民主的方向演进。

作为一种结构的全球治理。从结构方面来看，数十年来，世界经济由在布雷顿森林体系下建立的国际货币基金组织、关税与贸易总协定、世界银行等所构成的制度框架所维系。这样的治理形式通常被标示为"全球经济治理"这一术语，冷战结束前，这是全球治理的一种根本表现形式；冷战结束后，这一治理形式开始面临越来越多的挑战。新兴国家群体性崛起，全球地缘政治格局随之改变，原有的国际政治经济秩序危机四伏，无法应对一系列全球性问题。这类全球治理结构有联合国安理会、世界邮政联盟、国际民航组织等。③

---

① 俞正樑、陈玉刚、苏长和：《21世纪全球政治范式》，复旦大学出版社，2005，第56页。

② 〔美〕奥兰·扬：《国际制度的有效性：棘手案例与关键因素》，李宇晴译，载〔美〕詹姆斯·N.罗西瑙主编《没有政府的治理》，张胜军、刘小林等译，江西人民出版社，2001，第186~215页。

③ 中国国际经济交流中心：《全球治理高层政策论坛报告：重构全球治理——有效性、包容性及中国的全球角色》，联合国开发计划署，2012，第10~11页。

作为一种程序的全球治理。有关全球治理的争论，通常较为注重作为世界秩序特征的各种程序，以及治理主体的扩展。与此相伴的是，权力的扩散与控制权的逐渐弱化，从非政府组织到各种联盟，非国家行为主体不断涌现，在国际事务中发挥着不可低估的影响。它们呼吁制定合理的程序，提高全球治理的包容性与代表性。①

作为一种机制的全球治理，全球性问题的日渐凸显，使全球治理机制的建立势在必行。从现实的角度来看，全球治理可以被视为一种为解决全球问题而进行集体决策的机制。当前，全球治理机制的特点主要表现为治理主体多元化且具有不平衡性、治理对象多样化且具有跨国性、治理规制的规范性与"柔"性、治理效果的有限性与滞后性。② 在世界经济进入深度调整期、国际金融领域风险尚存、全球发展问题依然较为突出的背景下，全球治理机制日益呈现民主化、网络化的趋势，并有待进一步的完善。③

### 2.2.3 全球经济治理的内涵

全球治理涉及经济、安全、贸易、能源、气候、网络等具体方面，本书则主要集中在全球经济治理领域。如同经济全球化是全球化的重要组成部分，全球经济治理也是全球治理的重要内容之一。全球经济治理的动因便在于经济全球化，学术界的一个普遍共识即经济全球化是推动全球经济治理发展的基本动力。④

2010 年底，联合国秘书长与会员国及相关组织向联合国第六十六届大会提交的一份以全球经济治理与发展为重点的分析报告，对"全球经济治理"做出了权威的官方界定："多边机构与进程在影响全球经济政策、法

---

① 中国国际经济交流中心：《全球治理高层政策论坛报告：重构全球治理——有效性、包容性及中国的全球角色》，联合国开发计划署，2012，第 10 ~ 11 页。
② 石晨霞：《全球治理机制的发展与中国的参与》，《太平洋学报》2014 年第 1 期，第 18 ~ 28 页。
③ 中国国际经济交流中心：《全球治理高层政策论坛报告：重构全球治理——有效性、包容性及中国的全球角色》，联合国开发计划署，2012，第 10 ~ 11 页。
④ 周宇：《全球经济治理与中国的参与战略》，《世界经济研究》2011 年第 11 期，第 26 ~ 32 页。

规方面所发挥的作用。"这一定义在强调治理功效的同时，也强调了多边机构在治理中的关键作用。①

不同的理解与愿望，赋予全球经济治理不同的含义：在描绘二战结束以来为重建国际经济秩序而展开的国际合作时，它是一段承载着时代变化的历史；在谈到始于应对 2008 年金融危机的二十国集团领导人峰会机制时，它是一个用来开展国际合作的制度框架与重要平台；在期待建立超越国家主权的全球性管理体制时，它是一个面向未来的构想。②

回顾二战结束至今七十多年的历史，我们可以看出，理论与实践上的全球经济治理，是指通过国际制度、国际规则③的建构，对世界经济的必要与最低限度的共同管理。

从治理目标来看，全球经济治理的目标自然服从于全球治理的总体目标，并主要致力于维护世界经济的安全、稳定，促进全球经济的持续、健康发展，塑造世界经济新秩序。

从治理主体来看，主要是世界各国政府（特别是西方发达国家和新兴国家）通过七（八）国集团、二十国集团领导人峰会、金砖国家峰会等全球性与区域性合作平台，以及国际货币基金组织、世界银行、世界贸易组织等国际金融机构而进行的协同治理。此外，跨国公司、全球市民社会等对全球经济治理的决策过程也可以产生一定的影响。

从治理对象与内容方面来看，主要包括"全球宏观经济的治理、全球金融治理、全球贸易治理、全球产业治理、全球会计治理和全球贫困治理"④。

从发展历程来看，二战后建立的布雷顿森林体系代表着全球经济合作机制的开始运行，直至冷战结束前，这样的合作主要限于以七国集团为代

---

① 孙伊然：《后危机时代全球经济治理的观念融合与竞争》，《欧洲研究》2013 年第 5 期，第 1～21 页。
② 周宇：《全球经济治理与中国的参与战略》，《世界经济研究》2011 年第 11 期，第 26～32 页。
③ 国际制度与国际规则大体上可划分为：（1）正式的多边国际规则与制度安排，如关贸总协定、世贸组织等；（2）非正式的、只有少数国家组成的机制安排，如七国集团；（3）地区性经济治理，即在地区内，国家间实现经济整合与贸易、投资的自由化与和谐化。
④ 陈伟光：《全球治理与全球经济治理：若干问题的思考》，《教学与研究》2014 年第 2 期，第 53～61 页。

表的西方发达国家，并不具有真正的全球意义。冷战结束后，随着自身的不断发展，广大发展中国家参与国际经济合作的意愿、能力与机会也在日益增加。20 世纪 90 年代后期的二十国集团非正式部长级会议便反映了这一变化，这意味着真正全球意义的全球经济治理开始起步。[①] 21 世纪以来，新兴国家群体性崛起，其要求提高在全球经济治理中的代表性与发言权的呼声从未间断。2008 年金融危机的到来使全球经济治理提升到了前所未有的高度，二十国集团领导人峰会的召开，意味着真正的全球经济治理正式启动。在后危机时代，尤其是在新冠肺炎疫情的不断冲击下，全球经济治理依然是全球经济发展的重要领域，特别是其改革与转型更成为国际社会关注的焦点。国际宏观经济政策协调与合作，不仅为应对全球经济挑战，而且为今后世界经济的协调、均衡、可持续发展寻找根本性的解决方案。在此意义上，全球经济治理是一个随时代而不断变化的动态概念，在不同的历史阶段，其承载着不同的时代内涵。[②]

## 2.3　全球治理的失灵

冷战后的世界发生了深刻的变化，国际权力格局、国际安全威胁以及经济全球化与全球性相互依存的情况都在不断地改变与发展，但全球性制度安排和秩序理念却严重滞后，全球治理处于失灵的状态。伦敦政治经济学院政治学"格雷厄姆·沃拉斯教授"戴维·赫尔德和研究员凯文·扬在《有效全球治理的原则》中谈道，国际社会共同努力应对的全球性问题在广度与深度方面都在不断增强，但解决问题的手段却是无力和欠缺的，这一时代悖论在最基本的层面上仍是一个治理问题。[③] 秦亚青教授也在《全球治理失灵与秩序理念的重建》一文中着重指出，"全球治理失灵"（glob-

---

① 周宇：《全球经济治理与中国的参与战略》，《世界经济研究》2011 年第 11 期，第 26 ~ 32 页。

② 周宇：《全球经济治理与中国的参与战略》，《世界经济研究》2011 年第 11 期，第 26 ~ 32 页。

③ 〔英〕戴维·赫尔德、凯文·扬：《有效全球治理的原则》，朱旭译，《南开学报》（哲学社会科学版）2012 年第 5 期，第 1 ~ 11 页。

al governance failure）是指国际规则体系在管理全球性事务方面效果不彰，面对全球性挑战无力有效应对，以致全球性问题复杂交错，进而造成世界秩序在一定程度上失调的状态。①

### 2.3.1　治理规则的滞后

全球治理被解读为"世界上基于规则的总协调"②，有效的全球治理更加需要适宜的制度安排。理性主义者强调国际制度可以增强信息的透明度、降低交易成本和不确定性、克服集体行动的悲剧。而建构主义者则认为，国际制度可以建构行为体的身份，塑造国家的偏好、认同与文化，进而约束国家的行为，增进国际合作。随着全球治理日渐成为国际社会的普遍共识，其议题领域衍生了一系列国际制度。然而，由于议题的交叉重叠、相关制度安排缺乏统一协调以及议程的不断扩大，全球治理的诸多领域不同程度地凸显出制度安排供给不足的问题，国际机制的复杂性导致了全球治理的失灵。

在实践层面，全球治理的失灵具体表现如下。首先，当今世界权力日益呈现出由集中到流散的趋势——从西方大国流向新兴国家、从民族国家向市民社会流散，③ 世界格局的基本特征是：美国唯一超级大国的地位没有发生根本性变化，但实力相对下降；多强的地位发生重要改变，亚太地区的重要性显著上升，新兴国家群体性崛起，对世界政治经济发展产生重要影响。但是，以实力为支撑、以西方大国为核心的治理规则却并未在根本上反映权力分布状态的这种变化及发展趋势。伴随着自身实力的逐渐增长与国际地位的不断提高，新兴国家自身的文化与理念日益影响着国际规则的改革、创新与完善。

其次，国际安全威胁的性质也在发生着重要变化，在传统安全威胁依然存在的同时，非传统安全威胁大量涌现，且呈现日渐加重的趋势。那

---

① 秦亚青：《全球治理失灵与秩序理念的重建》，《世界经济与政治》2013 年第 4 期，第 4 ~ 18 页。

② 〔德〕克劳斯·丁沃斯、〔荷〕菲利普·帕特伯格：《如何"全球"与为何"治理"？全球治理概念的盲点与矛盾》，晓谢译，《国外理论动态》2013 年第 1 期，第 30 ~ 31 页。

③ 秦亚青：《全球治理失灵与秩序理念的重建》，《世界经济与政治》2013 年第 4 期，第 4 ~ 18 页。

么，以管理国家间威胁、传统安全威胁为目的的现行国际制度，在新的威胁形态面前难免会无力应对。①

最后，随着经济全球化的日渐扩展和全球相互依存的不断深化，国际关系更为错综复杂，新兴经济体相继加入全球经济体系，且逐渐成为世界经济的主要增长动力源，与西方大国之间的相互依存程度也达到了历史新高度。但是，这种相互依存新态势在现行全球治理规则中并未得到有效且充分的体现，地区治理、双边合作的活跃，正表明了治理在全球层面的失灵。② 例如，在1997年亚洲金融危机中，鉴于国际货币基金组织的应对乏力，东盟与中日韩（"10+3"）合作机制应运而生；而在多哈回合谈判中，世界贸易组织的无力推进则使各国为打破僵局而转向双边和区域自由贸易协定。

此外，百年未有之大变局下国际格局的深刻变化促使世界各种力量间的博弈更加复杂和激烈，这既加剧了原有的全球性问题，又衍生出新的全球性问题，网络、极地、太空等新的全球公共空间继而出现。全球治理的议程虽然在不断地扩大，但却出现了治理"盲点"。③ 例如，信息化的今天，无国界的互联网已成为重要的国际公共产品，网络安全问题日益凸显却尚未获得国际社会的足够重视，网络空间治理在结构和制度方面仍处于"空白"阶段；随着人类对太空资源不断加深的认识，大国间对太空资源的争夺越发激烈，太空安全、太空治理变得更加复杂，冷战时期形成的太空制度尚待进一步的改革、补充与完善。④

## 2.3.2 治理理念的滞后

治理规则的滞后已经引起了全球治理主要行为体的普遍关注，对此的改革呼声也日渐高涨，但改革至今并未取得显著进展，除了基于利益的考量，

---

① 秦亚青：《全球治理失灵与秩序理念的重建》，《世界经济与政治》2013年第4期，第4~18页。
② 秦亚青：《全球治理失灵与秩序理念的重建》，《世界经济与政治》2013年第4期，第4~18页。
③ 卢静：《当前全球治理的制度困境及其改革》，《外交评论》2014年1期，第107~121页。
④ 卢静：《当前全球治理的制度困境及其改革》，《外交评论》2014年1期，第107~121页。

更深层面的原因则在于治理理念的滞后。① 新兴国家群体性崛起并进入世界体系，治理理念却停留在旧时代，难以与时俱进，治理的失灵也就在所难免。

　　作为国际体系内行为体普遍共同遵循的行为准则，国际规范在一定程度上影响和制约着国家的对外决策。理性主义者认为，国际制度、国际规范是国家利益和行为的外在表现形式，可以增强信息的对称性和决策的透明度，对行为者的决策产生制约作用。建构主义者则指出，国际规范是集体在特定身份下对行为者正确（道德）行为的期望，不仅可以在一定程度上约束行为者的行为，还可以建构行为者的观念，通过协调与合作实现行为者的利益最大化。20 世纪下半叶，西方大国建构并主导了国际规范的变迁；21 世纪以来，随着国际权力结构发生的深刻变化，原有的国际规范在不同程度上受到了来自各方面的挑战。

　　在理念层面，全球治理的失灵表现为治理理念的滞后，具体来讲，强调规则治理的一元主义治理观、工具理性主义以及强调冲突是关系的本质与发展动力的二元对立思维方式依然在治理中发挥着主导作用。②

　　此外，市民社会的逐渐兴起使来自社会层面的价值规范作用逐渐凸显；新兴国家群体性崛起，其价值理念不断冲击着西方国家主导的国际规范，不同思想理念、不同发展模式与道路的分歧与竞争，也引发了全球治理规范的缺失。③ 例如，在全球贸易领域，西方大国贸易保护主义的盛行，使全球贸易机制面临规则重构问题；而在气候变化领域，作为合作基石的"共同但有区别的责任"原则因发达国家的消极表现而举步维艰。④

# 小　结

　　本章旨在为下述各章的具体研究奠定概念与理论基础。相关分析追溯

---

① 秦亚青：《全球治理失灵与秩序理念的重建》，《世界经济与政治》2013 年第 4 期，第 4 ~18 页。
② 秦亚青：《全球治理失灵与秩序理念的重建》，《世界经济与政治》2013 年第 4 期，第 4 ~18 页。
③ 卢静：《当前全球治理的制度困境及其改革》，《外交评论》2014 年 1 期，第 107 ~ 121 页。
④ 卢静：《当前全球治理的制度困境及其改革》，《外交评论》2014 年 1 期，第 107 ~ 121 页。

了全球治理的起源，从历史与理论两个维度说明了当今的全球治理并不具
有真正的全球意义。从治理、善治到全球治理，本章阐释了全球（经济）
治理的基本内涵。然而全球治理却正处于一种失灵的状态，治理规则与理
念严重滞后，治理规则不能反映当前国际体系的特点，治理理念也没有发
生根本性的演进，这种现状是本研究的根本出发点。如果说本章偏重于对
概念的探析与问题的提出，那么下述各章则是对本章主要概念的具体实践
以及问题的解决之道，同时也希望为全球经济治理研究提供新的思路与研
究视角。

# 第 3 章

# 二十国集团助推全球经济治理转型：从霸权 治理到多元化治理

从 17 世纪中叶威斯特伐利亚体系至今的民族国家体系中，民族国家是国际关系的主要行为体，"国家利益至上"成为指导国家对外交往的基本原则。随着全球化的深入发展，全球性问题不断涌现，世界各国的相互依存程度日益加深，人类命运共同体意识也随之逐渐增强，这一切使得建立在民族国家基础上的国际治理体系的局限性日渐凸显。

百年未有之大变局下，世界权力重心向亚太地区转移，西方主导的国际体系已难以为继，新的国际体系将向东、西方共主方向转型。在此背景下，美国的霸权治理已经力不从心，时代的发展呼唤新的世界政治文明，呼唤多元化、多层次、真正全球意义上的全球治理。

而真正的全球治理，其基石是以全人类共同利益为目标的全球价值观。由此，全球化、全球性问题的内在要求与主权民族国家体系的"国家利益至上"之间的矛盾，致使全球治理因责任错位、领导力不足而陷入困境。不仅如此，突如其来的新冠肺炎疫情更导致了全球化的停滞/倒退，并成为地缘政治变革的加速器。疫情在全球范围内蔓延，国际贸易、跨境投资等出现了前所未有的骤降，全球流动按下"暂停键"。这次疫情在很大程度上暴露了欧美社会的弊端及全球治理短板，加深了西方对全球化的反思，全球化在短期内面临变数，出现停滞甚至倒退。

全球性问题的久治不愈亟待有效的全球治理体制，当前国际体系的转型增强了全球治理转型的紧迫性，同时也为全球治理的改革与创新提供了历史性契机。在一定意义上，二十国集团领导人峰会机制意味着霸权治理时代的结束和多元化治理时代的开始。

## 3.1　霸权治理的危机与困境分析

### 3.1.1　霸权治理的危机

第二次世界大战以来，特别是冷战结束后，处在世界秩序中心的美国在世界治理中亦处于主导地位，这种世界霸权给全球治理打上了深刻的霸权烙印。基欧汉认为，霸权是指"一国具有足够的力量与意愿维持掌控国家间关系的基本规则这样一种情势"[1]。霸权之所以为霸权，就在于其自我认定与众不同，有能力超越其所主导的国际秩序和治理规则。[2]

具体来讲，美国的霸权治理主要体现在：美国的金融力量控制着全球金融体系和大多数经济实体，在其全球扩张时期，虚拟经济、投机经济、泡沫经济在世界各地繁盛一时；从美国国家安全委员会到"战略（政策）规划"等政府部门，无不为美国的世界霸权地位维持提供具体的政策路线；美国全球化的军事力量、强大的软实力等也是美国霸权治理的有力工具。

但这种霸权统治之下却潜伏着矛盾与危机。20 世纪 70 年代后，在里根主义与新自由主义的影响下，美国与世界逐渐形成借贷关系。而 2008 年爆发的金融危机暴露了美国经济严重的深层问题，这使中、日等债权国开始慎重考虑如何与美国建立新型的经济关系以及寻求国际储备货币体系多元化等国际方案。"冷战后至今的 20 余年，美国制度霸权的弊端和战略中权力的滥用，也导致其自身陷入了困境。"[3] 此外，过去半个多世纪世界政治的深刻变迁、"全球政治觉醒"同样造成了美国霸权的危机。[4]

---

① Robert O. Keohane, *After Hegemony: Cooperation and Discord in the World Political Economy*, Princeton: Princeton University Press, 1984.

② 〔美〕查尔斯·库普乾：《美国时代的终结——美国外交政策与 21 世纪的地缘政治》，潘忠岐译，上海人民出版社，2004，第 293 页。

③ 王帆：《大国外交》，北京联合出版公司，2016，序言第 1 页。

④ 庞中英：《霸权治理与全球治理》，《外交评论》2009 年第 4 期，第 18 页。

那么，美国如何重建世界新秩序？"巧实力""有原则的多边主义"等战术性政策概念的提出，是为了修复、强化美国在世界秩序中的主导地位的，而不是用来变革世界秩序的。① 奥巴马政府推动的金融调控、能源、气候政策的转变等国内治理需要其他国家的配合，美国谋求联合国安理会和布雷顿森林体系的改革，在二十国集团和联合国气候变化谈判等全球机制和进程中发挥重要作用，这些对全球治理均有着深刻的影响。特朗普政府对全球经济治理的兴趣则显著下降，其高举"美国优先"的旗帜，推卸全球治理特别是全球经济治理的责任。美国的做法给其他国家带来了不良的示范效应，冲击了国际经济秩序，全球经济治理的"失序"和"碎片化"风险加剧。②

美、欧作为自由秩序的制定者，都存在内部秩序的外部扩张问题。不同的是，美国是直接领导，即把国内政策扩展到世界，单边制定规则以及双边、多边谈判；欧盟则是间接领导，在推广自身的同时通过多边机构来治理世界。

面对新兴国家的群体性崛起，美、欧希望将其纳入符合西方利益的制度框架，由此一来，既能从新兴国家的经济增长中受益，又可以在一定程度上影响新兴国家经济增长的方式与速度，进而维持西方发达国家在世界经济中的主导地位。复合、多元的世界秩序，新兴大国与老牌大国相互依存的现实，在未来相当长的一段时期不会发生改变。

从更广阔的层面来看，事实上不曾彻底担当全球领导的美国在冷战时期自诩为西方世界的领袖，冷战后在"单极"错觉的驱动下一意孤行发动阿富汗和伊拉克战争，备尝苦头后一度退意萌生，意欲在幕后领导。③

在当前既不满足于并未反映其一超地位的国际秩序，又对新兴国家的群体性崛起可能侵蚀自己的霸权而倍感担心焦虑的情况下，心有不甘的美

---

① 庞中英：《霸权治理与全球治理》，《外交评论》2009 年第 4 期，第 18 页。
② 宋国友：《中国、美国与全球经济治理》，《社会科学》2018 年第 8 期，第 27~34 页；《特朗普搅动全球经济治理》，环球网，2017 年 8 月 9 日，https://world. huanqiu. com/article/9CaKrnK4zCD，最后访问日期：2021 年 6 月 10 日。
③ 阮宗泽：《2016：世界和中国会怎样？》，中国国际问题研究院官网，2016 年 1 月 6 日，ht-tp://www. ciis. org. cn/chinese/2016 – 01/06/content_8498084. htm，最后访问日期：2021 年 6 月 10 日。

国在亚太地区加紧推行"重返亚洲"战略、"亚太再平衡"战略并继续强化美日同盟，插手南海问题、质疑并指责中国正当的南海岛礁建设，竭力遏制中国的发展并意图夺得东亚地区的主导权。

新冠肺炎疫情暴发以来，美国视中国为主要挑战者和竞争者的战略判断不断强化，拜登政府不遗余力地拉拢欧洲盟友，努力消除特朗普政府对跨大西洋伙伴关系造成的消极影响，推动欧美形成对华统一战线，同时也助长了欧盟对华政策的强硬性。然而，疫情或将加速美国的相对衰落，其国际领导力在显著下降，欧盟的凝聚力与国际影响力也在进一步弱化。英美等西方国家过度沉迷于意识形态，缺乏自我反思能力，这也将加速自身的衰落。①

### 3.1.2 全球经济治理的困境分析

全球经济治理在很多方面存在着不合理性，主要表现在：第一，西方大国在很大程度上主导甚至垄断着全球经济治理，这使其失去了本应有的"全球"意义，广大发展中国家的代表性、发言权严重不足；第二，在国际规则方面，西方国家在制定和实施过程中处于绝对主导地位，发展中国家则往往只能被动接受，很难发挥自己的作用；第三，现存国际经济制度体现了西方大国的利益，却在一定程度上无视广大发展中国家的利益。国际货币基金组织在亚洲金融危机与欧债危机中截然不同的表现就充分说明了这一点。②

而判断全球经济治理有效与否，从其概念出发，可以细化为三个核心标准来进行评估：经济增长标准、机制标准、合作标准。③ 国际货币基金组织评估，2014～2019年，全球经济平均增长速度将继续保持在4%以下

---

① 张弛、郑永年：《新冠疫情、全球化与国际秩序演变》，《当代世界》2020年第7期，第17～21页。
② 庞中英、王瑞平：《从战略高度认识金砖国家合作与完善全球经济治理之间的关系》，《当代世界》2013年第4期，第5～8页。
③ Manuela Moschella and Catherine Weaver, eds., *Handbook of Global Economic Governance: Players, Powers and Paradigms*, Abington and New York: Routledge, 2013, p. 4.

的低速增长状态;[①] 而二十国集团、国际货币基金组织和世界贸易组织作为国际经济治理体系正常运作的三大机制，为全球经济治理带来的新动力与活力是较为有限的；在国家利益至上的原则下，全球多边合作难以实质推进，而目前贸易、金融等国际经济合作领域的困难在合作现状中也较为明显。因此，虽然金融危机的爆发使全球经济治理的重要性提升到了前所未有的高度，但当前的全球经济治理并未在上述三大关键性指标上取得显著成效。[②]

百年未有之大变局下，特别是在新冠肺炎疫情蔓延与反复的形势下，全球经济治理面临更加严峻的挑战。新冠肺炎疫情对全球经济治理体系造成了很大的冲击，战后全球经济治理的主导者美国奉行"美国优先"，推卸其在全球经济治理中的责任，甚至以经济手段阻碍全球经济治理，世贸组织、国际货币基金组织等国际经济组织仅发挥了微弱的作用，疫情下的全球经济政策协调不力。与此同时，疫情挑战了经济治理的区域体系，疫情下的欧盟机构权能有限，成员之间协调不力，东盟、非盟等区域合作组织的作用则更加微弱。此外，大国竞争的因素也在继续增加，美国还试图将澳大利亚、韩国、印度、俄罗斯纳入七国集团，进而扩大为十一国集团（G11），从而降低中国对全球经济治理的影响。[③]

在具体操作层面，全球经济治理更存在着制度非中性困境、公共选择困境、层次冲突困境、霸权主导困境等难题。

事实上，这种状况的出现有着深刻的时代背景。当今国际体系处在重要的转型期，而转型范围之广、内容之深刻历史罕见。虽然原有大国仍然是国际体系的主导力量，但非西方力量在国际体系中的作用日益显著，新兴国家群体性崛起（核心是中国迅速发展）是国际体系转型的主要推动力，且世界权力重心向亚太地区转移的进程在金融危机的影响下进一步加速。在一定程度上，治理体系是由权力体系所决定的，处于一定时期的治

① *World Economic Outlook: Recovery Strengthens, Remains Uneven*, International Monetary Fund, 2014, p. 181.

② David Held and Charles Roger, eds., *Global Governance at Risk*, Nanjing: Polity Press, 2013.

③ 《2020 下半年，全球经济治理将何去何从?》，凤凰网，2020 年 7 月 3 日，https://ishare.if-eng.com/c/s/7xnhr1FSn6f，最后访问日期：2021 年 6 月 10 日。

理体系不能偏离甚或抵触权力体系，而权力体系的发展变化也需要治理体系做出一系列的相应调整。当前的权力体系正在发生转型，治理体系也处于尚未稳定的状态。

当然，从权力的角度理解全球治理并不是全面的，因为在一定程度上，治理本身就是权力之外的一种存在方式。从世界经济的时代背景来看，全球经济治理是经济全球化不断扩展的必然要求。20世纪后期至今，在经济全球化浪潮的不断推动下，不但西方发达国家存在改革全球经济治理的呼声，广大发展中国家更有着这样的强烈诉求。旧的国际经济秩序已不再适应世界经济的现实与发展趋势，改革全球经济治理已成为国际社会的共识，但关键就在于怎样理解和如何进行改革。

2008年的金融危机无疑提供了改革全球经济治理的历史性机遇。遭受危机重创的欧美国家为早日走出危机，开始支持对全球经济治理的改革。但它们并不会放弃长期以来对全球经济治理的主导权，在要求新兴国家承担更多国际责任的同时，却并未赋予其相应的权利，并竭力抵制对自身不利的举措，这自然会造成改革的片面性和有限性。例如，在危机期间达成的改革全球经济治理的相关措施，如对国际货币基金组织和世界银行的投票权的重新分配，拖延多年才得到相应的落实。2010年，美国为早日走出危机而发起改革国际金融机构的倡议，宣称将提高新兴国家在国际货币基金组织和世界银行中的发言权，改革旧的全球经济治理结构；然而在现实具体操作中，一些欧洲国家做出了一定的配合，但美国并未及时、认真落实这一改革，还阻止、延缓改革的进程。直到2015年底，国际货币基金组织份额改革方案才获得美国国会的批准。此后的进展更是举步维艰，2019年10月，国际货币基金组织决定维持现有资金规模并推迟份额调整。在2011年和2012年国际货币基金组织与世界银行领导人的更替中，美欧为维护自身对这两大金融机构的绝对控制而坚决排斥一些来自发展中国家的候选人，这些都充分体现了改革的片面性和有限性。

如此一来，这难免会导致国际社会对改革现存国际经济秩序的期待降低并为改善全球经济治理结构而寻找其他出路。

## 3.2 二十国集团的协调合作与自身的转型

### 3.2.1 强化二十国集团的协调与合作

作为金融危机的产物，二十国集团最初的定位是危机应对机制；随着危机的逐渐消退，二十国集团向着全球经济治理的长效机制转化。二十国集团表面上以这样的理由存续，但实际上则是二十国集团的内部协调出现了问题：美、日、欧（特别是前两者）的自行其是使之前的各成员同舟共济成为历史，如美国为刺激经济复苏而在"量化宽松"政策上一进一退，使新兴经济体遭遇了不同程度的负面影响。[1]当前，二十国集团内部的矛盾与冲突更加纷繁复杂，凝聚力逐渐下降，这在很大程度上增加了其顺利达成并有力执行相关决议的难度，使其在全球经济治理中的作用大不如前。因此，离心离德的倾向或许是二十国集团当前所面临的最大挑战。

为了自身利益，西方国家诉诸单边行动，屡屡破坏二十国集团达成的各国宏观经济政策协调与合作。首先便是美国为刺激经济复苏而采用大量发行货币的手段应对金融问题；欧洲各国相继效尤，而量化宽松的始作俑者日本更是有过之而无不及。

西方大国与新兴国家在经济领域的矛盾既体现在金融、货币方面，也体现在国际贸易方面。号称为全球经济领导力量的美国，却在世贸组织的多边贸易谈判方面起着阻碍作用。自2009年以来，美国不但大力推行"跨太平洋伙伴关系协定"（TPP），而且随后鼓动欧盟偏离全球多边主义的轨道，进而建立美欧自由贸易协定。特朗普时期的"美国优先"、保护主义，更是有过之而无不及。欧盟为尽早走出经济低谷，则背弃其一贯奉行的多边主义，与一些国家相继缔结自贸协定。就美欧自贸协定针对第三方而

---

① 庞中英：《全球经济治理处在不进则退的关键时刻——评2013年二十国集团圣彼得堡峰会》，中国改革论坛网，2014年5月30日，http://www.chinareform.org.cn/open/economy/201405/t20140530_198590.htm，最后访问日期：2021年6月15日。

言，协定在形式上公然排斥中国等发展中国家，在实质上则是变相的贸易保护主义，使发展中国家面临的国际贸易环境更加严峻。对于贸易保护主义——全球经济治理中最重要的问题之一，二十国集团峰会已经相继制定了积极的议程来遏制这一趋势，今后更需要通过可靠而透明的机制促进国际贸易合作，同时在应对非关税措施、汇率偏离等方面进一步发挥积极作用。

此外，西方大国希望通过七（八）国集团来主导二十国集团，而其他成员则寻求创建新的核心集团。2010 年韩国作为轮值主席国，提议由二十国集团中的一些"中等强国"联合成立"中等强国集团"，就是一个典型的案例。

有鉴于此，各成员需要对主要经济体之间的关系有着准确的认知和判断，不断加强同西方发达国家的协调与合作，同时促进同发展中国家的沟通与交流，以便进行战略性和策略性的规划，对即时问题和具体问题做出有效决策。[1]

在强化成员之间的协调与合作方面，二十国集团本身就具有一定的优势：不同国家在一系列全球重大问题上自愿合作、推进改革进程，二十国集团的这一实践理念具有很大的吸引力；其非正式组织的性质也便于成员间的合作交流，避免带有政治立场的坚定言辞；而历次峰会则为二十国集团提供了所需的合法性与透明度，推动其决策流程的更加深化；峰会还涵盖智库、市民社会及企业的大量创新议程，如"二十国集团工商峰会"（B20）在为二十国集团决策进程提供法律支持的同时增加了其透明度，2015 年土耳其安塔利亚峰会成立的 Women 20 则为 G20 家族又增添了一个性别群体。

当然不可否认的是，虽然拥有诸多优势，但根深蒂固的国家政治与经济理念以及国家主权感，使二十国集团缺少成员一贯的政治支持，解决贸易与预算失衡等高度政治化问题的过程因此而变得更加复杂。

在二十国集团的协调与合作中，金砖国家合作无疑发挥着不可替代的

---

① 庞中英、王瑞平：《从战略高度认识金砖国家合作与完善全球经济治理之间的关系》，《当代世界》2013 年第 4 期，第 5 ~ 8 页。

独特作用。金砖国家合作是新兴国家在"后美国时代"迈出的第一步，使全球治理的理论与实践更加多元化；金砖国家合作有助于提升自身的国际地位，改善全球失衡，推动建立国际经济新秩序。但这距离国际经济新秩序的到来仍很遥远。20世纪70年代发展中国家建立国际经济新秩序的失败教训在今天仍值得汲取，我们更不能忽视金砖国家合作的复杂性与艰难性。

面对新兴国家的群体性崛起，西方大国的态度也在发生相应的转变，以往吸纳新兴国家加入西方自由秩序、"社会化"非西方的策略不可避免遭遇困境：西方国家认为中国、俄罗斯等没有达到其预期标准，进而犹豫这种秩序范围的扩大；而新兴国家，则认为在西方主导的世界秩序下没有得到平等的待遇，从而重新思考是否应该再继续。对美国而言，二十国集团的合作更多地意味着相互配合、相互评估；对于中国等其他集团成员来讲，国家利益则更直接地关系着国际体系的变革。而2014年至今美欧与中俄的博弈则在一定程度上削弱了二十国集团的外交势头。在此情况下，鉴于在多边框架下建立并推动同盟力量，是减少承受西方大国一致性压制的有效手段，中俄联手或许可使美欧的制裁化作泡影。

因此，二十国集团各成员需要做到兼顾本国利益与各方共同利益，寻求合作、弱化制衡，发展多边、摒弃单边，追求实效、淡化形式，以合作共赢来推动全球经济治理进程。

### 3.2.2 二十国集团的转型与未来可持续性

在国际格局发生深刻变化的背景下，二十国集团为发达国家与新兴国家提供了平等协商、决策国际经济事务的国际平台，符合时代发展的潮流，也是历史的进步。从诞生之初起，二十国集团就显示出强大的生命力与发展潜力，成员的经济状况在很大程度上影响着全球经济的"晴"和"雨"，其经济合作也影响着国际经济合作的发展方向。①

二十国集团以全球经济治理中心而崛起，在高层次、具有指导性意

---

① 《李保东：从四方面入手打造G20杭州峰会成果》，人民网，2016年7月29日，http://world.people.com.cn/n1/2016/0729/c1002-28595350.html，最后访问日期：2021年6月10日。

义的议题上有着突出的表现，同时具有一般国际性机构所拥有的全球治理职能。自 1999 年成立，二十国集团就开始探讨如打击恐怖主义融资、良好治理等核心安全领域的议题。特别是在 2008 年领导人峰会后，二十国集团从最初的专注国内政策治理、决策的审议及方向，转为关注成员间以及非成员的全球经济治理决策与发展。2008～2009 年应对危机初见成效后，二十国集团转而聚焦预防危机，阻止持续的欧债危机向全球蔓延，同时就国际货币基金组织和世界银行监管改革达成一致，促进经济发展，应对环境、气候、能源、食品等一系列问题，使全世界都受益于全球化。

约翰·科顿教授曾指出，从 1999 年的危机促成到如今成为全球经济治理的主要平台，二十国集团大致经历了四个阶段：1999～2001 年创建时期，2002～2007 年均衡化时期，2008～2009 年危机应对时期，2010 年至今全球危机预防与指导时期。① 二十国集团为世界提供了应对金融震荡的终极方式：在 1999 年、2008～2009 年属于反应性的应对，而在 2010 年至今则属于预防性的应对。可以说，二十国集团峰会是满足不断增长的全球经济治理需求的必然选择。

从美国次贷危机引发的全球金融危机肆意蔓延开始，二十国集团峰会在很大程度上提振了全球信心，确立了改革国际经济金融体系的明确目标，以协商达共识，以共识谋合作，以合作成共赢。世界各国利用二十国集团搭建起来的平台，在危机面前同舟共济，展开政策协调与合作，达成诸多共识，并制定与实施了一系列经济刺激计划。例如，二十国集团推出一个强劲的发展框架以实现经济的平衡、可持续增长，加强国际金融监管体系，促进国际货币基金组织的改革，积极应对能源安全与气候变化带来的威胁，反对贸易保护主义，实现开放的全球经济。

后危机时代，随着探讨的议题不断扩大（内容涵盖经济与金融、社会与发展、政治与安全事务、全球气候与卫生等方面）、肩负的责任与期望不断加重，二十国集团也需要与时俱进，逐渐由审议性的国际组织发展成

---

① 〔加〕约翰·科顿：《二十国集团治理的成长——一个全球化了的世界使然》，《国际展望》2013 年第 5 期，第 39～57 页。

为决策论坛，从危机应对委员会转变为预防危机、战略规划的机构，从短期应急转向长效治理，从危机应对机制转向政策沟通、促进合作的主要平台[①]，"从侧重短期政策向与中长期政策并重转型"[②]。

美国布鲁金斯学会高级研究员阿马尔·巴塔查里亚也认为，在发挥"危机应对委员会"作用的同时，二十国集团正在逐步成为制定事关全球经济长期战略的论坛，而贸易部长级会议机制化有望使二十国集团成为协调贸易政策的有效平台，进而使其作为全球首要经济合作论坛的潜力得到进一步挖掘。[③]

但是，由于代表性与机制性不足这样的缺陷，二十国集团转化为全球经济治理的长效机制将是一个复杂而漫长的过程，如何形成更广泛的国际共识、如何处理代表性与效率的关系以及它与联合国等国际组织的关系，都需要从长计议。

从更广阔的层面来看，"发展差距"问题更是全球经济治理的重任。崔立如教授曾坦言，在某种意义上，如同七（八）国集团，二十国集团也是"富人俱乐部"。二十国集团中的新兴国家比发达国家穷很多，但又是发展中国家的"富国"。[④] 与新兴国家、西方大国相比，未加入二十国集团的国家在发展程度上有着很大的差距，这种发展差距又会造成在全球经济治理方面的认知差距，这难免成为全球经济治理的阻力。

因此，为实现自身的转型，进而更好地扮演全球经济治理舵手的角色、更好地迎接新挑战，二十国集团需要注意以下方面。

在主要任务方面，由于当前全球经济复苏乏力、主要经济体在货币政策方面严重分化、各国财政政策空间各不相同，宏观经济政策的协调仍将是二十国集团的重要任务之一。央行行长周小川指出，不能过度依赖固然

---

[①] 《专家分析：首尔峰会后二十国集团何去何从》，新华网，2010 年 11 月 13 日，http://news.xinhuanet.com/2010 - 11/13/c_12771487_3.htm，最后访问日期：2021 年 6 月 13 日。

[②] 《王毅部长在博鳌亚洲论坛 2016 年年会二十国集团（G20）分论坛上的讲话》，外交部官网，2016 年 3 月 25 日，http://www.fmprc.gov.cn/web/wjbzhd/t1350822.shtml，最后访问日期：2021 年 6 月 17 日。

[③] 《G20 安塔利亚峰会把脉全球经济》，新华网，2015 年 11 月 17 日，http://news.xinhuanet.com/world/2015 - 11/17/c_128438533.htm，最后访问日期：2021 年 6 月 17 日。

[④] 崔立如：《G20 开启了探索"全球治理"新路径的机会之窗》，《现代国际关系》2009 年第 11 期，第 1～3 页。

重要的货币政策，财政政策的作用也应得到很好发挥。① 当然，仅靠财政刺激和货币宽松并非长久之计，2016年，结构性政策受到了二十国集团更多的关注，杭州峰会在汇率政策上也加强了协调。②

在议题管理层面，二十国集团峰会具有一定的灵活性与包容性，但若议题过于广泛、严重缺乏执行效力则难免成为"清谈馆"。作为国际经济合作的主要平台，二十国集团需要避免被欧债危机等局部议题所"绑架"，从而更专注于粮食安全、反对贸易保护等以发展为导向的全球性议题。虽然难免会涉及气候变化、核扩散等其他全球性议题，但二十国集团的职能依然会集中于经济领域。③ 而且从中长期角度来看，二十国集团将继续致力于改变世界经济结构的不平衡、推进全球经济发展、实现可持续就业等方面。

在峰会进程改革方面，不但需要增强二十国集团领导人峰会的治理能力，召开更多的部长会议，而且需要让更多的商界与民间机构参与进来，提高关系着二十国集团有效性与合法性的问责水平，推动二十国学术集团（A20）、Think 20（智库）、Civil 20（非政府组织）、B20（工商界）、L20（劳工）、Y20（青年）等的发展，为二十国集团领导人峰会献计献策。

如此一来，二十国集团既要处理好应对增长乏力、通胀、失业等现实需求与实现强劲、可持续发展的中长期任务之间的平衡，又要把握好危机应对与全球经济全面调整之间的平衡，还要兼顾西方大国与新兴国家、成员与非成员之间的利益平衡。这些平衡都是非常必要的。

此外，在二十国集团的转型方面，复旦大学朱杰进副教授提出了"G20＋其他国际机制"的复合机制治理模式。④ 具体来讲，二十国集团机制"设定世界经济议程、建立共识，其他国际机制则负责提供技术支持与

① 《不能过度依赖货币政策》，新华网，2016年3月25日，http://news.xinhuanet.com/finance/2016-03/25/c_128832282.htm，最后访问日期：2021年6月13日。
② 《不能过度依赖货币政策》，新华网，2016年3月25日，http://news.xinhuanet.com/finance/2016-03/25/c_128832282.htm，最后访问日期：2021年6月13日。
③ 钟龙彪：《浅析20国集团在全球治理中的角色嬗变》，《现代国际关系》2010年第4期，第10~14页。
④ Jiejin Zhu, "G20 Institutional Transition and Global Tax Governance," *The Pacific Review*, Vol. 29, Issue 3, 2016, http://www.tandfonline.com/doi/abs/10.1080/09512748.2016.1154687? journalCode＝rpre20, accessed June 13, 2021.

执行方案，而发展中国家能否以平等身份与西方发达国家共同进行全球经济治理，决定着二十国集团能否顺利完成机制转型"①。这为我们研究二十国集团的转型提供了新的思路与视角。

虽然目前二十国集团作用的进一步发挥存在不确定性、面临一系列新的挑战，但它所代表的全球经济治理方向无疑是正确的，那就是发达国家需要同以新兴国家为代表的广大发展中国家共同协调世界经济事务。未来二十国集团能否真正成为全球经济治理的主导机制，主要取决于下述三个方面。

第一，世界政治经济格局能否朝着西方发达国家与新兴国家力量对比更加均衡的方向持续深刻调整。② 在新兴国家群体性崛起、国际政治经济格局发生深刻变化的背景下，二十国集团应运而生。作为全球经济治理新的均衡机制，二十国集团为发达国家和发展中国家提供了一个平等协商、实现共赢的良好平台，这也是二十国集团有别于七（八）国集团之处。但在目前，二十国集团只初具雏形、尚未真正地机制化，与真正成熟的全球经济治理精英模式还有很大的距离。发达国家在全球经济治理中占据优势主导地位的格局在未来一段时期仍将持续下去，国际政治经济格局有待持续深刻调整。

第二，二十国集团能否从短期的危机应对机制成功转向长期的全球经济治理机制。③ 无论是二十国集团财长与央行行长会议，还是二十国集团领导人峰会，都诞生于金融危机时期，其应对危机的目标明确、效果显著且获得了广泛认可，这也为二十国集团在全球经济治理中继续发挥作用打下了良好的基础。在百年未有之大变局下，尤其是新冠肺炎疫情的不断冲击下，国际社会急需一个能够在全球经济治理层面长期发挥作用的有效机制，而二十国集团的后劲不足遭到外界的质疑，因此二十国集团自身的转型迫在眉睫、势在必行。

---

① Jiejin Zhu，"G20 Institutional Transition and Global Tax Governance，" *The Pacific Review*，Vol. 29，Issue 3，2016，http://www.tandfonline.com/doi/abs/10.1080/09512748.2016.1154687？journalCode = rpre20，accessed June 13，2021.

② 金中夏等：《中国与 G20——全球经济治理的高端博弈》，中国经济出版社，2014。

③ 金中夏等：《中国与 G20——全球经济治理的高端博弈》，中国经济出版社，2014。

与此同时，我们应该客观看待二十国集团机制，而不是把领导人峰会取得成果的多寡作为判断二十国集团是否有效与成功转型的唯一尺度。由于世界经济周期的波动、各国政策的轻重缓急，作为协调主要大国宏观经济政策平台的二十国集团难免会出现起伏。应对金融危机的合作高潮，经济复苏时期的"不温不火"，都是阶段性调整的必然现象。回顾历史，"大国俱乐部"向来充斥着不断的利益博弈，既有高潮也有低谷。二十国集团的议程设置与经济的长期健康发展是否具有一致性、是否可持续，这在很大程度上决定着二十国集团能否成功转型、能否走得更远。

第三，主要国家对于二十国集团的定位以及彼此之间的博弈。面对金融危机的爆发与蔓延，二十国集团是国际社会同舟共济的共同选择。危机过后，各国间的利益取向分歧日渐明显，这在很大程度上影响了二十国集团的决策效力。那么，如何定位二十国集团的作用，把它视为"分抢蛋糕"的场所，还是共同"做大蛋糕"的平台，影响着二十国集团的未来发展方向及在全球经济治理中的作用。[①] 其中，中美两国能否形成真正的新型大国关系，对二十国集团的未来发展尤为重要。在很大程度上，中美关系的走向将深刻影响着二十国集团的未来发展，合作共赢的新型大国关系，有利于塑造二十国集团更为广阔的发展空间。

迄今为止，作为应对金融危机的产物，二十国集团财长和央行行长会议机制成立已 20 余年，领导人峰会机制也有近 13 年的历史，但总体来看，二十国集团机制仍处于新兴阶段。这一机制的形成，有利于中国等新兴经济体更好地维护自身的权益，从长远角度来看，也将有利于国际格局多极化的发展。不过，随着危机的消退和二十国集团峰会的每年定期召开，我们不禁要问，二十国集团距离真正的机制化到底还有多远？

危机后国家利益的复杂化趋势使二十国集团机制继续发挥有效作用的前景变得扑朔迷离，那么，二十国集团能否摆脱现行框架下对全球经济治理技术性修正的定位，从而开创全球经济治理的新局面呢？

从成员代表性方面来看，二十国集团的成员是美国、加拿大等国作为倡议者在综合考虑经济实力、地缘政治等因素后所做出的选择，而并

---

① 金中夏等：《中国与 G20——全球经济治理的高端博弈》，中国经济出版社，2014。

非严格意义上的世界经济前 20 强，这种具有代表性的成员组成有助于成员间的协调与沟通。但有的国家认为，二十国集团的个别成员融入全球化的程度并不高、国际代表性也不强，却坐收成员红利，而欧洲的代表性却过高；还有一些中小国家因担心二十国集团会演变为类似七（八）国集团的"新统治阶层"而缺乏对其足够的认同感。在国际权力结构分散、市民社会兴起等因素的影响下，二十国集团的合法性饱受质疑。对此，一些学者认为应加强地区性组织如非洲联盟的代表性。事实上，任何一个国际组织，都不可能实现绝对意义上的广泛代表性与合法性，二十国集团也不例外。因此，代表性、合法性的问题，有可能成为二十国集团未来发展的"软肋"。①

就决策机制方面来讲，二十国集团尚未实现真正的机制化，这在一定程度上影响了它的有效性。历次二十国集团峰会反映出主席国的主导作用比较突出，筹备进程缺少规范和全局性长远规划，这使其在一些重大问题上的连续性与一致性受到了一定的削弱。② 金融危机的爆发使二十国集团走向了全球经济治理的舞台中心，然而伴随着危机的日渐消退和世界经济的逐渐复苏，西方发达国家在改革全球经济治理方面的动力与意愿不复从前，危机时期的同舟共济逐渐被竞争所取代。后危机时代，二十国集团机制继续发挥作用的动力存在减弱的趋势，同舟共济精神日渐弱化，具体矛盾渐趋凸显，如何寻找利益共同点、推进合作于是成为重要课题。

在决策效力层面，二十国集团双部长会议是基于协商的论坛，而非基于投票的决策实体，作为成果文件的联合声明并不是具有严格法律约束力的国际条约或协定，其落实与执行在很大程度上取决于各成员的自觉。特别是在后危机时代，如何将二十国集团达成的多边共识转化为实实在在的多边行动，是一个亟待解决的严峻问题。而且，如何在确保决策执行效率的同时兼顾各成员利益关切，也是二十国集团运作中面临的一个突出

① 《金中夏：G20 要引领全球经济治理需处理 5 大问题－新华网》，西陆网，2013 年 12 月 4 日，http://shizheng.xilu.com/20131204/1000010000228185.html#，最后访问日期：2021 年 6 月 13 日。

② 《金中夏：G20 要引领全球经济治理需处理 5 大问题－新华网》，西陆网，2013 年 12 月 4 日，http://shizheng.xilu.com/20131204/1000010000228185.html#，最后访问日期：2021 年 6 月 13 日。

难题。

对于如何提高执行效力这一问题，可以从增加二十国集团机制运作的透明度和展开相互评估程序两方面来努力。在透明度方面，各成员国所做出的承诺以及对承诺的履行状况，若被本国和他国民众知晓，依据政治学的"观众成本理论"，可以在一定程度上督促其落实承诺；在相互评估程序方面，二十国集团在发展议题、宏观经济政策协调上已经展开了相互评估，今后可以在其他议题上进行更多的尝试，进一步提升执行力。

在二十国集团的主导权方面，欧美发达国家长期占据优势地位，新兴经济体的话语权较为有限。七（八）国集团在二十国集团的机制化进程中依然占据主导地位，西方大国同新兴市场国家围绕话语权、主导权的角逐将长期存在，而且这种权力再分配之争也同样存在于西方大国和新兴大国内部，这无疑将影响到二十国集团的内部团结与合作。因此，寻求西方发达国家与新兴国家的利益平衡点显得尤为重要。

在议题拓展方面，金融危机时期，二十国集团峰会的议题核心为改革国际金融体系、强化金融监管；伴随着危机的逐渐消退，峰会的议题开始朝着更加广泛的方向发展，并反映世界经济发展的新趋势。如果没有议题范围的扩大，危机过后成员将从这一平台撤出，这是二十国集团面临的根本性危机。[①] 不过，笔者认为，议题范围的扩大依然应该主要集中于经济领域。

在同其他国际机构的关系方面，二十国集团成员大多是国际货币基金组织、世界银行、世界贸易组织的核心成员，二十国集团能否成为全球经济治理的核心机制，在一定程度上需要协调与其他国际机构的关系，既发挥二十国集团的引领、协调作用，也要得到国际社会的普遍认可与配合。在当前多边机制缺失的情况下，二十国集团扮演着更加重要的角色：需专注于最紧要的问题，采取集体行动并具有切实效果，避免多边机制中的重合部分。在对国际政策协调及其制度化的倡导下，二十国集团在一定程度上成为世界主要经济体共同治理全球经济的缩影；二十国集团的协调作用，也使其有可能成为一些重要国际机构的有益补充。但

---

① Andrew F. Cooper and Colin I. Bradford, Jr., "The G20 and the Post-Crisis Econimic Order," *CIGI G20 Papers*, No. 3, 2010, https://www. cigionline. org/publications/2010/6/g20 - and-post-crisis-economic-order, accessed June 13, 2021.

是，这并不意味着二十国集团将要挑战、取代旧机制或其他多边机构。因为二战后形成的传统国际经济制度在未来一段时期仍将发挥一定的作用，七（八）国集团虽未反映世界政治经济的新变化，但其作用仍不能低估，西方大国会根据形势的变化推出不同形式的多边机制。而且，从多边角度来看，二十国集团是促进大国合作的有力工具，以中国为代表的金砖国家能通过二十国集团获得更多的发言权，从而与七国集团更有效地沟通、协调；二十国集团的未来同样离不开七国集团与金砖国家之间的合作发展。尚未实现机制化的二十国集团在执行、落实相关协议方面也需要其他机构的有力配合。①

此外，"各国经济周期和复苏步伐不一致导致整体利益可能让位于国别利益，在债务危机、贸易等问题上的分歧与矛盾扩大。如何寻求共同利益、实现共赢是 G20 能否走下去的关键"②。与危机爆发之初相比，后危机时代，各国经济复苏的进程不同导致其政策优先取向不同，进而在宏观经济政策协调方面的难度有所加大。

二十国集团为发展中国家与发达国家平等参与全球经济治理提供了前所未有的平台，打破了西方大国对全球经济治理的垄断，具有历史进步意义。二十国集团需要积极有效应对上述诸多挑战，才能在世界政治经济格局不断深入整合的背景下，成为全球经济治理的"指导委员会"。

## 3.3 二十国集团推动下多元化治理的开始

### 3.3.1 二十国集团自身的转型助推全球经济治理转型

哈佛大学约瑟夫·奈教授将国际权力的角逐比喻为一场复杂的三维国际象棋比赛，美国著名时事评论家法里德·扎卡利亚也曾在《新闻周刊》中明确指出，当前世界权力的结构性变化是继美国于 20 世纪崛起之后，世

---

① 王颖、李计广：《G20 与中国》，《现代国际关系》2012 年第 6 期，第 47～48 页。

② 《金中夏：G20 要引领全球经济治理需处理 5 大问题 - 新华网》，西陆网，2013 年 12 月 4 日，http://shizheng.xilu.com/20131204/1000010000228185.html#，最后访问日期：2021 年 6 月 13 日。

界现代史上发生的第三次权力转移。21世纪以来，国际权力体系日益呈现"去中心化"与"分散化"的显著特点。

当前全球治理体系的许多不足之处，与世界权力重心的转移和全球制度的相对滞后有着密切的关系。新兴国家呈现整体性上升趋势，且地缘政治的重要性与日俱增，但发展中国家群体话语权严重缺失。伴随着世界权力重心的转移，全球治理的重心也相应地发生了转移：从原来的西方发达国家共同治理转向今后的西方大国与新兴国家协同共治，从之前的大西洋地区转向今后的亚太地区。这样的权力转移与扩散，加剧了现存全球治理机构的合法性与有效性危机。

秦亚青教授曾指出，世界的未来与全球治理的发展将在很大程度上取决于西方大国与新兴大国之间的互动。庞中英教授也曾谈道，在21世纪国际权力转移和多极化的趋势下，相互依存程度不断加深的全球化世界迫切需要大国协调这一全球治理的集体领导。[①] 如果说"19世纪初到20世纪初的欧洲协调（即欧洲范围的大国协调）被视为当代全球治理的历史起源"，那么，21世纪的大国协调则是21世纪全球治理的基础与实现途径。中国可以率先推进亚太地区大国协调局面的形成，并进一步以二十国集团为框架促进世界范围的大国协调。[②]

由此，对这一全球权力更替的管理，对全球经济治理而言显得至关重要。而促进世界舞台上声音的多元化则是走向有效全球经济治理的重要步骤，这也是多元化治理与霸权治理的重要区别之一。在一定意义上，二十国集团领导人峰会机制意味着霸权治理时代的结束和多元化治理时代的开始。

具体来讲，新兴大国日益成为全球经济治理领导机构的一部分，多层次的治理主体也更加多元化，这在很大程度上有助于带动治理理念、治理手段、治理内容等方面的创新与发展，进而使全球治理体系朝着更加公正

---

① 庞中英：《全球治理的中国角色：复杂但清晰》，《人民论坛·学术前沿》2015年第16期，第86~95页。
② 庞中英：《全球治理的中国角色：复杂但清晰》，《人民论坛·学术前沿》2015年第16期，第86~95页。

合理的方向发展，推进国际关系民主化。① 例如，"共商、共建、共享"便是中国在当前首次明确提出的全球治理理念，② 并"构成了加强全球治理、推进全球治理体系与治理能力现代化的系统链条"③，三者是密不可分的有机体。

那么，这一趋势是否会被西方发达国家所接受与认同呢？对此，欧美有着不同的态度。经济竞争、控制与反控制斗争的更加表面化，外交及安全领域的理念差异，使得欧美之间矛盾加剧。金融危机一度使欧洲深陷困境，经济难以复苏、债务危机凸显欧盟体制的缺陷，欧元的发展前景不明，这些在很大程度上使欧洲国家对美国控制的全球金融体系及美元霸权更加不满。在应对全球金融危机方面，美国并不赞同欧洲把着重点放在国际金融体系的规范化、制度化以及能源、环境等方面。欧洲各国则有意加强与中国等新兴经济体的协调与合作，重新构建世界经济秩序。④

可以说，美国对此怀有矛盾、复杂的心情。新兴国家加入二十国集团，积极参与危机应对，相应可以减轻其他各国因危机对美国产生的不满和疑虑，并提供资金支持，促进美国经济的减负与复苏。在承认新兴国家国际地位及作用不断上升的同时，美国难免会要求这些国家承担更多的责任与义务，并通过二十国集团这一更为广阔的平台主导秩序的重构，推行自己的治理理念，进而竭力维持其在全球治理中的影响力与主导权。二十国集团模式在一定程度上限制了美国的控制力，对美国之前在全球治理中一家独大的局面造成了严重的冲击，如果二十国集团不能成为"后美国霸权治理"的工具，自然会被美国弱化并替代。美国开始强调七（八）国集团与二十国集团并重，甚至虚化二十国集团，这在一定意义上意味着美国

① 《盘点 | 习主席关于全球治理的重要论述》，新华网，2015 年 11 月 14 日，http://news. xinhuanet. com/world/2015 – 11/14/c_128428606. htm，最后访问日期：2021 年 6 月 13 日。
② 《中国首次明确提出全球治理理念》，新华网，2015 年 10 月 14 日，http://news. xinhuanet. com/2015 – 10/14/c_1116824064. htm，最后访问日期：2021 年 6 月 13 日。
③ 《中国首次明确提出全球治理理念》，新华网，2015 年 10 月 14 日，http://news. xinhuanet. com/2015 – 10/14/c_1116824064. htm，最后访问日期：2021 年 6 月 13 日。
④ 洪邮生、方晴：《全球经济治理力量重心的转移：G20 与大国的战略》，《现代国际关系》2012 年第 3 期，第 38 ~ 46 页。

支持二十国集团作为国际经济合作主要论坛的意愿已经在逐渐减弱了。①

　　相对而言，虽然欧洲对全球治理重心的转移也存在担心与疑虑，但其因实力不足且遭受主权债务危机的重创而大伤元气，遭受二战至今最严重的难民危机与接二连三的恐怖袭击，以及新冠肺炎疫情的严重冲击，一波未平一波又起的欧洲自顾不暇，似乎较为容易接受这一趋势，且更有意愿在全球治理框架内与新兴国家展开合作，从而为自己的设想获取更多的支持，而不像美国那样充满危机感。同时，欧洲向来强调"基于规则"的多边主义世界秩序，因此愿意接受对现有国际制度的改革，提升多边主义的效力。

　　二十国集团反映了西方发达国家实力下降、新兴国家群体性崛起的国际政治现实，它的出现，在很大程度上弥补了七（八）国集团在全球经济治理领域的局限性，为处理国际事务的多边体系和国家协作方式注入了新鲜血液，是全球经济治理模式的创新。

　　二十国集团的崛起更是全球治理民主化进程中的重要一步，因为它赋予新兴经济体更多的发言权与更大的代表性。在二十国集团框架下，新兴经济体在很大程度上提高了参与度，而且二十国集团致力于多边机制问题的解决，也为地区争端通过多边协商解决提供了良好的机会。

　　二十国集团还为大变局下的大国协调提供了一个难得的平台。它在一定程度上可以化解国家间的冲突，推进国家间的深层合作，使世界向着复合多元的新世界秩序迈进。

　　虽然历次二十国集团峰会尚未在根本上建立起一个新的国际金融秩序，但这种传统西方大国与新兴大国携手共治的方式却有着鲜明的时代特点，这预示着一个更具包容性和全球性的全球经济治理新时代即将到来。西方大国与新兴大国能否携手推进全球经济治理的转型，在很大程度上取决于未来数十年二十国集团领导人峰会将取得何种成果，以及对促进全球经济平衡、可持续增长，完善全球经济治理发挥何种作用。

　　有观点认为由于新兴市场国家的经济出现减速，二十国集团已开始走

---

① 洪邮生、方晴：《全球经济治理力量重心的转移：G20 与大国的战略》，《现代国际关系》2012 年第 3 期，第 38～46 页。

下坡路，其实则不然。王毅外长曾指出，二十国集团"从本质上反映了国际力量对比的现实变化和发展趋势，具有发达国家同发展中国家平等参与全球经济治理的先天优势，它的地位和作用是不可替代的"①。同时，二十国集团也要与时俱进，积极谋求转型，"从危机应对向长效治理转型，从侧重短期政策向与中长期政策并重转型"，杭州峰会有望成为二十国集团转型的新起点。②

笔者认为，从七（八）国集团到二十国集团，这本身就代表着全球经济治理的转型与未来的发展方向——更加包容、更具全球性。2009 年伦敦金融峰会后，俄罗斯总统梅德韦杰夫曾指出，二十国集团领导人就应对国际经济危局达成多项共识，这本身即一大进步。③ 大变局下的世界经济复苏缓慢、不确定性增加，且面临诸多挑战，国际社会期待二十国集团形成政策共识，肩负如此历史使命的二十国集团只有与时俱进，首先实现自身的转型，才能更好地推动全球经济治理的转型。

### 3.3.2 全球经济治理制度体系的双重赤字与国际领导乏力

现存全球经济治理制度体系面临严重的合法性与有效性赤字。一方面，在现存国际经济秩序中，西方大国一直处于主导地位，广大发展中国家特别是新兴国家，在世界经济增长中的分量日益加重甚至是主要的增长源，但在国际经济制度中的发言权与决策权却相当有限。另一方面，在金融危机、新冠肺炎疫情面前，全球经济治理缺乏有效的制度设计这一点被充分暴露出来，全球经济治理的改革与转型更加迫切与突出地摆在世界各国面前。

当前的全球经济治理还面临严重的动力赤字。在全球化加速发展、全

---

① 《王毅部长在博鳌亚洲论坛 2016 年年会二十国集团（G20）分论坛上的讲话》，外交部官网，2016 年 3 月 25 日，http://www.fmprc.gov.cn/web/wjbzhd/t1350822.shtml，最后访问日期：2021 年 6 月 17 日。

② 《王毅部长在博鳌亚洲论坛 2016 年年会二十国集团（G20）分论坛上的讲话》，外交部官网，2016 年 3 月 25 日，http://www.fmprc.gov.cn/web/wjbzhd/t1350822.shtml，最后访问日期：2021 年 6 月 17 日。

③ 《应对危机 G20 "前进一步"》，央视网，2009 年 4 月 3 日，http://news.cctv.com/world/20090403/105811.shtml，最后访问日期：2021 年 6 月 13 日。

球问题不断涌现的今天，全球经济治理的动力系统却正呈现显著的退化态势，疫情的冲击更是削弱了全球经济治理领域国际合作的动力。面对亟待变革的全球经济治理体系，各国对经济全球化和全球治理的态度有着显著差异。中国等新兴经济体支持全球化，主张全球经济治理应适应全球化的发展趋势；而美国等西方国家则把其内部发展中遇到的问题归咎于全球化，坚持保护主义、逆全球化的经济政策。[1] 西方发达国家无论是在能力上还是在意愿上都难以继续担当全球经济治理的领导者，而以中国为代表的新兴国家则尚未做好承担更多全球责任的理念与路径准备。

上述两大困境为世界各国提出了尤为紧迫的历史重任：既要为全球经济治理寻找新的制度设计，以弥补和修正当今全球经济治理制度体系的诸多缺陷，又要引入新的力量参与全球经济治理集体行动，为全球经济治理增添新的活力。

全球经济治理在参与者方面具有多元化的特点，并以自觉性为原则，但在问题领域却有着很强的公共性或共同性。而全球经济治理的理论逻辑则在于，随着全球问题的与日俱增，鉴于作为主要博弈者的不同国家的特性，确立相应的规则和机制，并通过选择性的激励，努力克服集体行动的困境。

那么，如何在全球性问题层出不穷的今天使这种集体行动高效存续下去，并且克服"集体行动困境"和"公地悲剧"[2]，就成为全球经济治理亟待解决的重要问题之一。

事实上，有力的国际领导可以运用政治影响号召力、物质力量等资源，为世界各国提供全球性公共产品，维持国际制度的存在，促进全球经济治理这一集体行动的顺利开展。[3] 所以，在"世界政府"难以成为现实的情况下，确立有效的国际领导就成为全球经济治理的关键所在。

---

[1] 《2020 下半年，全球经济治理将何去何从？》凤凰网，2020 年 7 月 3 日，https://ishare.ifeng.com/c/s/7xnhr1FSn6f，最后访问日期：2021 年 6 月 10 日。

[2] "公地悲剧"这一概念由哈丁最早提出，他认为在复杂的系统中，有限的公共资源无法满足诸多个体的需求，缺乏规范的公地于是走向悲剧。参见 Garrett Hardin, "The Tragedy of the Commons," *Science*, Vol. 162, Issue 3859, 1968, pp. 1243－1248。

[3] 庞中英：《效果不彰的多边主义和国际领导赤字——兼论中国在国际集体行动中的领导责任》，《世界经济与政治》2010 年第 6 期，第 8 页。

### 3.3.3　全球经济治理的领导：从 G7/G8 到 G20

20 世纪 70 年代的一系列危机在很大程度上削弱了美国作为单一霸权继续领导全球治理集体行动的能力和意愿，从而终结了美国单独领导全球治理的时代。在此之后的近 30 年里，七（八）国集团"从曾经的经济协调机制演变为后来的全球经济治理领导力量"[①]，在一定程度上填补了由美国权势相对衰落导致的领导真空。物质力量的优势，较为有效的国际制度，大量的全球性公共产品，使七（八）国集团在塑造、引导和维持国际秩序方面发挥了关键作用。[②]

进入 21 世纪，特别是 2008 年金融危机爆发以来，新兴国家群体性崛起，且世界政治诉求日益高涨；而七（八）国集团的相对物质力量优势则大为削弱，领导与协调全球经济治理能力不足凸显，合法性与有效性面临双重赤字问题，其领导体制遭遇了前所未有的挑战，在新兴国家群体性崛起的冲击下难以为继。

为了有效应对危机，西方国家要求启动二十国集团并使之升级为峰会，使其成为国际经济合作的主要平台。相对较为充分的代表性、包容性以及形式上的平等性为新兴国家寻求改革提供了充分的弹性空间，又由于在协调各国政策以应对危机方面取得了显著成效，二十国集团地位迅速上升，甚至一度被视为可以取代七（八）国集团的全球治理新兴领导集团。需要指出的是，二十国集团在全球经济治理中地位的不断提升，虽然并不意味着七（八）国集团重要性的下降甚至被取代，而是两者并存，但面对全球经济挑战，新兴国家的作用已经愈发重要且不可替代。

二十国集团机制的形成和发展深刻反映了国际权力格局的变迁。二十国集团领导人峰会机制的成立在很大程度上打破了长期以来以七（八）国集团为代表的西方发达国家主导世界经济的局面，其通过协调各成员的目

---

① John Kirton, "Governing Globalization: The G8's Contribution for the Twenty-First Century," Revised version of a paper prepared for a conference on "Russia within the Group of Eight," sponsored by the Institute for Applied International Research, Moscow, 2003, http://www.library.utoronto.ca/g7/governance/index.htm, accessed June 13, 2021.

② 陈晓进：《评析八国集团的作用与发展趋势》，《国际问题研究》2005 年第 2 期，第 26 页。

标与政策，为世界经济的"强劲、可持续、均衡发展"创造有利条件，为
全球经济治理的改革与转型增添新动力。

作为协调西方与非西方之间关系、促进其有效合作的机制，二十国集
团使新兴国家有机会参与全球经济治理，甚至成为规则制定者。新兴国家
呼吁改革国际货币基金组织与世界银行，甚至要求与西方国家相互协调、
相互治理；西方国家则日益担心中国等新兴国家不再遵守西方制定的国际
规则并要求相应的规则制定权。新兴国家不甘于被排斥在"跨太平洋伙伴
关系协定"等西方大国的新规则之外，金砖国家（BRICS）、"区域全面经
济伙伴关系协定"（RCEP）等则是其努力尝试。

但是，在危机之后，二十国集团的"外交势头"却逐渐丧失。中国等
新兴国家呼吁改革当前国际经济秩序，提高发言权与决策权，而不是仅仅
被简单地利用。然而，有关这一要求的提议和方案或被西方大国拒绝，或
被搁置起来。例如，美国在国际货币基金组织的分权方面拖延五年之后才
肯做出让步。俄罗斯虽然在 2013 年担任了二十国集团轮值主席国，但这并
未挽救其与西方的关系，而在其于 2014 年春天被逐出八国集团后，西方与
俄罗斯开始了制裁与反制裁的一系列行动。随着美国经济逐渐复苏，俄罗斯
与西方七（八）国集团机制的关系不复存在，西方国家更是反对用二十国集
团取代七（八）国集团。俄罗斯与美国、欧盟关系的恶化，是否会波及同在
二十国集团里的中国，这也是一个问题。而韩国、澳大利亚、土耳其等二
十国集团峰会主办国，作为"中间强国"无法阻止美俄、美中之间的矛
盾，也不足以带动二十国集团新的发展方向。

二十国集团最初的成功可以说是源自临危受命，而其自身存在着严重
的结构性缺陷：成员的多元化使其缺乏向心力与凝聚力，进而导致决策的
有效性赤字；二十国集团内的七国集团仍在谋求主导权，从而有可能使其
成为西方大国的新工具。这些因素使二十国集团需要进行自身的创新性变
革与转型，从而实现在代表性、非正式性、决策效率以及改革动能方面的
平衡，进而在其框架下建构真正的全球经济治理新领导力量。

### 3.3.4　全球经济治理领导集团新模式：G7 与 BRICS 协同领导

2008 年金融危机以来，全球经济治理受到了前所未有的重视且已成为

国际社会的共识，但全球化与相互依存的不断深入发展并没有使国际政治的现实发生根本性的改变，在主权民族国家体系与国家利益至上原则面前，全球经济治理面临的困境之一便是严重的"集体行动困境"。于是，如何解决各国在国家利益至上原则下各行其是的问题，在当前形势下变得更加突出。

长期以来，美国为维护其霸权国的国际地位，主导建立了涵盖政治、经济、军事等方面且以美国为中心的全球制度网络，并以全球性公共产品的主要提供者的角色换取其他国家对其地位与领导的接受与认同。然而，受到 2008 年金融危机的重创、新兴国家的群体性崛起、国际体系的权力转移、新自由主义作为战后国际秩序思想基础在当今新形势下的式微、新冠肺炎疫情的剧烈冲击等各种因素的综合影响，霸权地位相对衰落的美国提供全球性公共产品的意愿和能力大幅降低。在国际权力格局发生深刻变化的形势下，谁来提供全球性公共产品，又有谁来维护世界秩序？

在全球经济治理领导集团改革方面，目前的学术界提出了三种模式。第一种是吸收新的成员国加入领导集团，以此增加集体领导的力量。布热津斯基、弗雷德·伯格斯滕等西方学者提出七（八）国集团应该把中国、印度等较大的发展中国家吸收在内。[①] 加拿大观察家西尔维娅·奥斯特里则设想出一个环状模式：以美国、德国、日本为内环，中国与七（八）国集团其他成员为中环，地区性强国为外环，从而实现西方国家控制与新兴国家参与之间的有效平衡。[②] 加拿大学者安德鲁·F. 库珀则倡议以海利根达姆进程中的"G8＋5"模式为蓝本创建新的大国协调机制，以避免发生激进的以"大爆炸"的方式扩大成员的现象。[③]

第二种是较为激进主义的模式，主张几近濒临崩溃的七（八）国集团应该被新的大国集团所取代。曾在美国财政部担任国际事务助理部长的埃

① Zbigniew Brzezinski, *The Choice: Global Domination or Global Leadership*, New York: Basic Books, 2004, p. 123; C. Fred Bergsten, "The New Agenda with China," *International Economics Policy Briefs*, 1998, pp. 98 – 102.

② 〔加〕彼得·哈吉纳尔：《八国集团体系与二十国集团：演进、角色与文献》，朱杰进译，上海人民出版社，2010，第 201 页。

③ 〔加〕安德鲁·F. 库珀、〔波〕阿加塔·安特科维茨主编《全球治理中的新兴国家——来自海利根达姆进程的经验》，史明涛、马骏等译，上海人民出版社，2009。

德温·杜鲁门以及方晋等国内学者对此有着类似的看法，他们主张推进二十国集团的机制化建设，且涉及领域扩展到与世界经济有关的诸多方面，使二十国集团最终取代七（八）国集团，进而成为新的全球经济治理领导集团。①

第三种则是偏重多元主义的模式，倡导二十国集团应该与七（八）国集团相互合作、共同发展。约翰·科顿就曾明确指出，二十国集团的发展并不意味着七（八）国集团在未来的消失，两者在一定程度上的合作性互动将成为全球经济治理的新领导力量。② 国内学者如韦宗友也认为二十国集团将会与西方大国内部的协调机制七（八）国集团并存，全球经济治理的领导力量在可预见的未来将继续保持多元并存的格局。③

但当前，全球治理领导力量分化，新兴经济体相继崛起，新老领导力量交替仍处于过渡期。未来全球经济治理的领导力量模式将取决于传统领导力量与新兴领导力量之间的博弈互动关系，而这种互动模式尚未定型。④

集体行动理论认为，在一定程度上，集团内部的核心领导可以使其决策与执行效力得到一定的保证，进而化解效率与代表性之间的悖论。在奥尔森看来，大集团终会发展为集团联盟，其子集团则具有凝聚力、同质性的特点，这将在很大程度上增强集体行动能力；⑤ 不同的子集团则在一定

---

① 〔加〕彼得·哈吉纳尔：《八国集团体系与二十国集团：演进、角色与文献》，朱杰进译，上海人民出版社，2010，第215页；方晋：《G20机制化建设与议题建设》，《国际展望》2010年第3期，第19~26页；崔志楠、邢悦：《从"G7时代"到"G20时代"——国际金融治理机制的变迁》，《世界经济与政治》2011年第1期，第134~154页。
② John Kirton, "The G8 - G20 Partnership," University of Toronto, August 19, 2010, http://www.g8.utoronto.ca/scholar/kirton-100819.html, accessed June 13, 2021.
③ 韦宗友：《非正式集团、大国协调与全球治理》，《外交评论》2010年第6期，第105~116页。
④ Joseph S. Nye. Jr., "Will the Liberal Order Survive? The History of an Idea," *Foreign Affairs*, Vol. 96, No. 1, 2017, pp. 10 - 17; Kori Schake, "Will Washington Abandon the Order? The False Logic of Retreat," *Foreign Affairs*, Vol. 96, No. 1, 2017, pp. 41 - 46; Evan A. Feigenbaum, "China and the World: Dealing with a Reluctant Power," *Foreign Affairs*, Vol. 96, No. 1, 2017, pp. 33 - 40；陈东晓、叶玉：《全球经济治理：新挑战与中国路径》，《国际问题研究》2017年第1期，第13~14页。
⑤ 〔美〕曼瑟尔·奥尔森：《集体行动的逻辑》，陈郁、郭宇峰、李崇新译，上海人民出版社，1995，第72页。

程度上能够增强彼此互动的效率，进而提升集团成员之间达成共识的凝聚力。①

全球性问题的有效应对，无疑需要全球层面的集体行动。历史告诉我们，大国需要承担全球领导的历史使命、担当维护世界秩序的历史重任，大国之间的协调与合作、携手并肩共同应对挑战是全球经济治理的关键所在。唯有这样，全球经济治理才不至于因在重大而紧迫的议题领域缺乏强有力的领导而陷入群龙无首的混乱状态。② 秦亚青教授曾经指出，"当今世界可以被视为美国一超下的三元权力格局"，其中金砖国家将与美国、欧盟并驾齐驱，"成为塑造 21 世纪国际秩序的最重要力量"。③

历史与实践表明，西方大国不仅不具备真正的变革意图，不会让国际制度的改革触及西方的世界主导地位，更无力推动全球经济治理朝公正、民主和包容的方向前进，因而无法完成这一重要的历史使命。

西方大国在现有国际机构中处于领导地位，这一事实虽然已被多数发展中国家所接受，但以新兴国家为代表的广大发展中国家要求提高发言权的呼吁从未间断，其自然也就成了推动全球经济治理转型的主要力量。新兴国家的群体性崛起深刻改变了国际权力格局，新兴国家与西方国家间的力量对比凸显了全球经济治理领导权的变化④，也促进了新兴国家对国际影响力的追求。积极参与全球经济治理，既是新兴国家在新时期维护并拓展自身利益的客观需要，也是在国际舞台施展大国抱负的战略选择。当然，新兴国家及其他发展中国家的发言权与代表性的提升，不仅需要新兴国家及其他发展中国家加强立场的团结，也需要发达国家强化而不是普遍缺乏进一步承诺的政治意愿。

鉴于上述分析，本书认为，新兴国家群体性崛起将终结全球经济治理以七（八）国集团为领导核心的时代，进而推动建构以七国集团与金砖国家的协同领导为新领导力、以二十国集团为多边合作平台的全球经济治理

---

① William H. Riker, *The Theory of Political Coalitions*, New Haven: Yale University Press, 1962, p. 33.

② 朱立群：《代序 全球治理：现状与趋势》，载朱立群、〔意〕富里奥·塞鲁蒂、卢静主编《全球治理：挑战与趋势》，社会科学文献出版社，2014，第 1 页。

③ 秦亚青：《世界格局、国际制度与全球秩序》，《现代国际关系》2010 年第 S1 期，第 13 页。

④ 蔡拓：《中国如何参与全球治理》，《国际观察》2014 年第 1 期，第 1 ~ 10 页。

领导集团新模式。

二十国集团为全球经济治理提供了一个多边协调平台，一个国际经济合作的主要平台，而 G7 与 BRICS 协同领导可以推动二十国集团的有效运作，确保全球经济治理改革与转型的顺利进行。

二十国集团的诸多局限性使其并不具备充足的条件成为全球经济治理领导集团，其只是一个多边合作的平台，一个彼此互动的框架。在这一框架下，大国集团就成为领导力量。新兴国家可以在一定程度上对七（八）国集团的影响力产生制衡作用，又可以推进其他发展中国家的共识与凝聚力，[①] 因此，G7 与 BRICS 协同领导就成为二十国集团框架下建构新国际领导力的突出选项。

作为西方大国代表的七国集团与新兴国家的代表金砖国家在二十国集团框架下展开合作，在一定程度上共享权力、共担义务，从而在新时期引领全球经济治理的改革与转型，这是对当前国际体系转型背景下全球经济治理领导力量发展趋势的一个预测，也是对当今全球经济治理缺乏有效领导的一种乐观判断。

当然，新兴国家与西方大国所秉持的规范、信念存在一定的冲突之处，包括在新时代或将支撑国际秩序的重要规范"共同但有区别的责任"、"国家保护责任"（responsibility to protect）等，所以其能否形成真正的协同领导或协调机制来担当全球经济治理的领导者，这仍存在一定的不确定性。

### 3.3.5 从"相互评估进程"到"相互治理进程"

作为一种传统，自 1945 年以来，欧洲控制着国际货币基金组织，而美国则掌控着世界银行；西方的自由秩序看似是"美国领导"，实则为美欧联合霸权。而 2008 年金融危机延伸而来的欧债危机则重创了欧洲，使欧洲在全球经济治理中的地位与作用发生了历史性的变化。[②] 面对欧债危机，

---

① Mark Beeson and Stephen Bell，"The G-20 and International Economic Governance：Hegemony，Collectivism，or Both？" *Global Governance*，Vol. 15，No. 1，2009，p. 72.
② 庞中英、王瑞平：《相互治理进程——欧洲与全球治理的转型》，《世界经济与政治》2012年第 11 期，第 50~63 页。

国际货币基金组织与欧盟委员会、欧洲央行一起成为"三驾马车",这成为欧盟与全球经济治理之间关系的重要转折点。

　　欧盟是世界多边主义的主要推动力量,全球治理理论也是由欧洲人最早提出并付诸实践的,欧洲一体化给全球治理打上了深刻的烙印。一体化的进程无疑提高了欧洲在全球经济治理中的地位,但欧债危机却暴露了欧洲一体化的内在弱点,包括欧元存在的设计缺陷——自 20 世纪 90 年代创立至今缺乏稳定金融的相关制度。① 而新兴国家群体性崛起和百年未有之大变局下发生的国际权力结构的变化,在很大程度上影响着欧洲在全球经济治理中的作用。

　　那么,在世界权力中心转移的时代背景下,新兴国家在不同程度上以直接或间接的方式介入欧洲地区的经济治理,这一现象的出现,是不是全球经济治理转型的主要特征之一呢?

　　此处以之前的欧债危机为例。虽然一些欧洲经济学家与政客反对外力的介入而坚持欧洲自己的解决方案如欧洲稳定机制（ESM）等,但欧盟还是选择了与国际货币基金组织合作,一起介入欧债危机问题,这不仅对国际货币基金组织的改革具有重要意义,其贷款也将变得更加有效,而且这或许可以成为治理金融危机的一个新模式。欧盟接受国际货币基金组织的介入,反映出欧债危机的空前严重性,欧洲地区经济制度在危机面前束手无策,亟待外部解决方案。但欧洲一直以来并存的保守性与开放性,使其与国际货币基金组织在主控与征收金融交易税的提议等方面有着矛盾冲突。

　　欧债危机一度严重阻碍了世界经济的复苏与增长,为此,二十国集团不断向欧盟施加压力,并一度把欧债危机作为峰会的主要议题。在一定程度上,对于二十国集团,欧盟有些进退两难:欧盟可以借助二十国集团的多边力量化解欧债危机,进而推动全球经济治理的改革;同时,二十国集团中的非西方国家鉴于金融危机日益深入的影响也相继聚焦欧洲,甚至以合法的方式介入欧洲问题,促进欧盟改革、欧债危机等问题的有效应对。如此一来,欧盟在治理世界的同时,又处于被世界治理的位置。这一方面

---

① Jacob Funk Kirkegaard, "The Euro Area Crisis: Origins, Current Status, and European and US Responses," Peterson Institute for International Economics, October 27, 2011, http://www.iie.com/publications/interstitial.cfm? ResearchID = 1969, accessed June 15, 2021.

体现了欧盟在世界经济治理中的重要地位，另一方面也反映了国际力量格局的历史性变化对欧洲的深刻影响。

当然，无论是国际货币基金组织还是二十国集团，都只是欧洲应对欧债危机可资利用的工具。若要在根本上解决欧债危机，还需要欧洲地区治理的创新，如技术层面的欧洲银行联盟与财政联盟、战略层面的欧洲政治联盟等。

在宏观经济政策协调与谈判方面，为确保各国宏观经济政策的相互适应，二十国集团推出了"相互评估进程"，这一旨在成员之间政策协调的全球经济治理相互评估程序，使包括发展中国家在内的世界各国更易于就重大经济金融问题展开协商合作。而且，这一相互评估程序需要向包容性治理演变，在理论与实践上也有待进一步的完善，以此共同面对其他政策领域的全球性问题（见表3-1）。

**表3-1 二十国集团相互评估进程框架的基本要素**

| 峰会 | 主要举措 | 介绍 |
| --- | --- | --- |
| 匹兹堡<br>2009年9月 | 政策和宏观经济框架 | 所有二十国集团成员——相互并与基金组织——就其未来3~5年内的政策计划以及预期经济表现分享信息。基金组织考察全球性影响 |
| 多伦多<br>2010年6月 | 成员政策评估 | 基金组织评估二十国集团成员的政策与增长目标的一致性，模拟一个"上行情景"，即集体行动将促进所有国家产生更好的结果，并将促进全球再平衡 |
| 首尔<br>2010年11月 | 通过指示性指南增强相互评估进程 | 二十国集团领导人通过指示性指南确定和评估失衡状况，以此评估在实现"框架"目标方面取得的进展。基金组织的任务是对存在严重失衡的成员进行评估 |
| | 政策承诺 | 二十国集团的每个成员确定了有助于实现共同增长目标所需采取的政策行动 |
| 戛纳<br>2011年11月 | 戛纳增长和就业行动计划 | 二十国集团领导人重申，必须迅速落实欧元区领导人在二十国峰会召开前夕宣布的措施<br>二十国集团领导人认可了旨在在中期内纠正失衡，确保实现强劲、可持续和均衡经济增长的政策行动。他们承诺，将以更大决心处理失业和社会安全网等紧迫的社会问题。二十国集团还承诺采取重大措施，实现更稳定和更具抗冲击能力的国际货币体系<br>对七个存在重大失衡的国家，基金组织工作人员撰写的《可持续性报告》就失衡的特性、其根源和阻碍调整的因素提供了分析 |

续表

| 峰会 | 主要举措 | 介绍 |
|---|---|---|
| 洛斯卡沃斯 2012 年 6 月 | 洛斯卡沃斯增长 和就业行动计划 | 二十国集团领导人承诺采取一切必要的政策措施，以加强需求、支持全球增长、恢复信心、解决中短期风险和加强就业创造<br>二十国集团领导人同意加强"问责制评估框架"，评估在实现强劲、可持续和平衡增长这一共同目标方面取得的进展，并在此框架下进行了第一次评估 |
| 圣彼得堡 2013 年 9 月 | 圣彼得堡行动计划 | 二十国集团领导人就一项以合作方式促进全球增长、就业和金融稳定的行动计划达成一致，并认识到财政整顿需要反映经济状况 |
| 布里斯班 2014 年 11 月 | 布里斯班行动计划 | 二十国集团领导人承诺实施一项综合增长战略，目标是在 2018 年之前使整体 GDP 增长率比基金组织 2013 年 10 月《世界经济展望》基线预测水平高 2% 以上 |
| 安塔利亚 2015 年 11 月 | 安塔利亚 行动计划 | 二十国集团领导人评估了实现增长战略的进展，并重申了他们对充分即时地实施增长战略的承诺。行动计划还侧重于促进投资和提高包容性 |

资料来源：《20 国集团相互评估进程》，IMF 官网，https://www.imf.org/en/home。

为推动相互评估程序的进程，二十国集团成立了专门工作组，国际货币基金组织也为其提供了一定的技术分析。但这一程序或许过于理想化，在实践方面困难重重。实践表明，二十国集团的相互评估程序主要集中在国际货币基金组织下面，在政策协调方面效果甚微，例如，美联储提高利率等货币政策对中国有着重要的影响，中国希望二十国集团对此进行相应的协调，并在多边框架下做出一定的安排，却并未产生预期的效果。

尽管如此，作为全球金融治理的新形态，"相互评估进程"对"相互治理进程"[①] 仍具有一定的基础作用和借鉴意义。

在此之前，欧洲通过七（八）国集团等途径参与非欧洲国家的国内经济治理；如今，依照"相互评估进程"的规则，中国有着充分的国际正当性通过这一多边机制介入欧洲的经济问题。如此一来，通过全球经济治理机制，非西方国家在不同程度上介入西方国家的经济治理，这在一定程度上改变全球经济治理长期以来的失衡局面，进而开启西方国家与非西方国

① 庞中英、王瑞平：《相互治理进程——欧洲与全球治理的转型》，《世界经济与政治》2012 年第 11 期，第 50~63 页。

家之间的"相互治理进程"。①

例如，过去一段时期，新兴国家鉴于经济改革和金融危机，长期接受了国际货币基金组织贷款的严苛条件；如今，新兴国家在介入解决西方金融危机的过程中，可以要求国际货币基金组织的机构与决策体制在一定程度上反映新兴国家的呼声，且可以通过国际货币基金组织的对欧援助提出一定但并非苛刻的附带条件。不过，需要指出的是，欧债危机虽然需要国际货币基金组织的介入，但在欧洲国家面前，新兴国家的援助条件在一定程度上是苍白无力的。

当前，新兴国家推动全球经济治理的转型大致可以通过两种方式：对现有国际经济制度进行改革与完善，或者创建新的制度。

国际关系理论的英国学派曾应用"国际社会"的扩张解释二战后的世界新格局，即在新的历史条件下非欧洲国家成为国际社会的成员；然而在非欧洲国家加入国际社会之后，原来简单的西方霸权难免受到一定的挑战，国际社会则继续发生变革。一直以来，这都是一个敏感却又核心的国际政治问题。②

不同于英国学派，美国学者倾向于"西方自由秩序"这一概念，并重点讨论非西方国家的崛起与西方自由秩序，因为这在很大程度上关系着美国在全球治理中的主导地位，关系着西方自由秩序的存在与延续。③

20 世纪 80 年代初，在第一轮"美国衰落论"甚嚣尘上以及七国集团开始崭露头角的时代背景下，罗伯特·基欧汉提出了"霸权后"的世界治理，这一命题在美国依然主导西方的那个时代实属大胆设想。

而在美国开始步入"后霸权"时代的今天，美欧合作已无法应对新冠肺炎疫情、气候变化等全球性问题，二十国集团上升为"主要的国际经济合作平台"，新兴国家与西方大国之间展开的合作至少会比原有西方国家之间的合作更加有力。在建立有效的全球金融监管机制、反对贸易保护主

---

① 庞中英、王瑞平：《相互治理进程——欧洲与全球治理的转型》，《世界经济与政治》2012
年第 11 期，第 50 ~ 63 页。
② Hedley Bull and Adam Watson, eds., *The Expansion of International Society*, Oxford: Clarendon Press, 1984.
③ 庞中英、王瑞平：《相互治理进程——欧洲与全球治理的转型》，《世界经济与政治》2012
年第 11 期，第 50 ~ 63 页。

义、维护稳定的世界贸易秩序、推进人民币国际化进程等方面，中国大有可为。

鉴于西方国家在自由秩序中的主导性和进入自由秩序的非西方国家的附属性，非西方国家更倾向于在西方主导的国际经济制度之外建立新的制度，但这被欧美国家认为是对西方自由秩序的挑战。如 20 世纪 90 年代亚洲金融危机时，东亚国家计划建立"亚洲货币基金组织"，但由于欧美国家的普遍反对，该计划遂转变为后来的"清迈倡议"；2012 年，金砖国家提出成立"金砖国家新开发银行"，这被西方国家认为是在"另起炉灶"。

事实上，中国推动创建的金砖国家新开发银行、亚投行和提出的"一带一路"倡议等不是要挑战现有国际秩序，也不是"另起炉灶、推倒重来"，而是与时俱进地对现存国际制度的补充、创新、完善与发展。2016 年 9 月的二十国集团杭州峰会便是这一相互协调、合作的多边进程的典型进展。

如果在一定意义上，二十国集团意味着西方自由秩序的扩大，那么，这一新的大国协调将推动全球经济治理的转型，进而塑造真正的全球自由秩序。

过去几十年里，西方传统大国通过国际经济制度在不同程度上介入了非西方国家的国内经济治理，后者却始终处在被治理的被动地位，这种失衡局面需要被打破并予以改变。如果新兴国家依照"相互评估进程"的规则去评估西方大国的宏观经济政策，甚至在援助遭受金融危机的西方国家时附带一定的条件，而西方国家对此可以接受，进而开启"相互治理进程"，这样的情况才是新兴国家真正地介入西方的国内经济治理，这也是全球经济治理开始在真正意义上的转型。

新形势下，面对日益涌现的问题，欧盟亟待改革，因此，单就追溯二十国集团的欧洲成分，就可以理解二十国集团这一全球经济治理框架所存在的深层问题。英国脱欧不但会影响欧盟与英国的未来，也将对二十国集团中欧洲国家在全球经济治理方面所发挥的作用产生重要影响。[1]

此外，全球经济治理的转型不但需要参与的多元化，而且需要一系列

---

① 庞中英、刘敬文：《G20 与全球经济治理转型》，《当代世界》2016 年第 8 期，第 9～11 页。

连贯、可行的解决方案，这意味着全球经济治理的转型不仅是一个制度变革的问题，也是一个思维模式转变的问题，还是一个提升专业技能进而平衡各方参与机制的问题。

# 小　结

当前国际体系处在重要的转型期，世界权力重心也在向亚太转移，美国的霸权治理已经力不从心，并遭遇前所未有的挑战。当前的全球经济治理未能在核心评估标准上取得显著成效，且存在一系列的困境，这种状况的出现有着深刻的时代背景。

作为金融危机的产物，二十国集团最初的定位是危机应对机制。随着危机的逐渐消退，以及当前世界经济复苏缓慢、不确定性增加，二十国集团需要与时俱进，首先实现自身的转型——从危机应对向长效治理转型，才能更好地推动全球经济治理的转型，虽然这将是一个复杂而漫长的过程。二十国集团目前的状况与真正的机制化尚有一定的距离，二十国集团应不负各期期待，继续发挥引领作用。

本章着重指出，时代的发展呼唤新的世界政治文明，呼唤多元化、多层次、真正全球意义上的全球经济治理。2008 年爆发的金融危机是全球经济治理的转折点，在二十国集团助推下的全球经济治理转型已经开始，虽然这一转型在具体方面充满着不确定性。在一定意义上，二十国集团领导人峰会机制意味着霸权治理时代的结束和多元化治理时代的开始。从七（八）国集团到二十国集团，这本身就代表着全球经济治理的转型与未来的发展方向——更加包容、更具全球性。

现存全球治理制度体系面临严重的合法性与有效性赤字，且作为全球经济治理关键所在的国际领导乏力，本章提出了构建以七国集团与金砖国家的协同领导为新领导力、以二十国集团为多边合作平台的全球经济治理领导集团新模式。

本章的考察表明，全球治理这一理念最早由欧洲人提出并付诸实践，但欧洲却陷入了治理危机，这无疑是全球治理中颇具戏剧性的一部分。欧洲求助于自己创立与主导的国际经济制度，而其他新兴国家则通过这些制度参与欧洲的地区治理，主权债务危机加速了全球经济治理的转型。二十国集团创建的宏观经济政策合作机制即"相互评估进程"具有很大的启发意义，以此作为基础和借鉴，西方大国和新兴国家之间可以开启"相互治理进程"。过去相当长的一段历史时期，西方国家通过一系列的多边制度在不同程度上介入了非西方世界的经济治理；如今，新兴国家则可以通过改善现存国际经济制度历史性地参与欧洲地区的经济治理；在未来，西方与非西方世界之间若能开启"相互治理进程"，那么这将进一步推动全球经济治理的转型。

# 第 4 章
# 二十国集团在全球经济治理中的作用

当前的全球经济治理处在不进则退的关键时刻,[①] 本章的全球经济治理研究主要探讨如何发挥二十国集团在全球经济治理中的建设性作用，改变目前不合理的国际经济秩序，提升新兴国家在决定世界经济未来中的发言权与决策权。

## 4.1 关于全球经济治理的基本经验教训

回顾全球经济治理自二战结束以来的历史，可以发现，美国在世界经济中的领导作用使其在很大程度上塑造了全球经济治理。二战结束至 1971年，以及冷战结束至 21 世纪初，美国在全球经济治理中居于中心地位，其代表即"华盛顿共识"。从固定汇率制到浮动汇率制，以及当前的金融危机下美国"量化宽松"的货币政策，均反映出美国在全球经济治理中领导作用的消长及日渐式微。[②] 现今其唯一超级大国地位面临内外困境，那么，美国将在全球经济治理中采取怎样的新政策呢?

---

① 庞中英:《全球经济治理处在不进则退的关键时刻——评 2013 年二十国集团圣彼得堡峰会》，中国改革论坛网，2014 年 5 月 30 日，http://www.chinareform.org.cn/open/economy/201405/t20140530_198590.htm，最后访问日期：2021 年 6 月 15 日。

② 庞中英:《1945 年以来的全球经济治理及其教训》，《国际观察》2011 年第 2 期，第 1 ~ 8 页。

战后独立的发展中国家日渐要求建立国际经济新秩序，这一呼声在 20
世纪 70 年代曾一度高涨，但在冷战后走向低谷，21 世纪再次迭起。全球
经济治理在一定程度上受到冷战时期世界经济分裂、冷战终结带来世界经
济一体化的可能性、后冷战时期世界经济重新一体化这三个连接过程的深
刻影响。[①]

历史总是惊人的相似。如同 20 世纪 30 年代经济大危机，2008 年以来
的全球金融危机，使得相互指责、推诿责任、保护主义、转嫁危机等事态
频频出现，但鉴于二战后全球经济治理体系的形成、全球经济相互依赖的
空前程度、规则为基础的制度保障，是否可以通过全球经济治理的改革避
免危机—冲突—治理这一曲折规律的重演呢？这一问题，要求我们到不同
时期全球经济治理的具体探索与实践中寻找答案。

## 4.2 七（八）国集团主导下的全球经济治理

### 4.2.1 七（八）国集团的发展历程

20 世纪 70 年代，西方世界局势复杂动荡，世界经济面临巨大的挑战，
布雷顿森林体系瓦解，资本主义经济出现"滞胀"现象。在此背景下，西
方七国首脑会议机制应运而生。

美国于 1971 年 8 月正式宣布以浮动汇率制取代固定汇率制，这意味着
二战后确立的布雷顿森林体系最终崩溃。而在 1973 ~ 1975 年，由石油危机
引发的战后资本主义世界经济危机，对美国等西方发达国家的经济造成了
巨大的冲击，出现了通货膨胀和经济停滞并存的"滞胀"现象。

为了共同应对世界经济与货币危机、协调各国经济政策、重振西方经
济，1973 年 3 月，"美、英、法、西德四国财长在白宫图书馆召开首次会
议，史称'图书馆集团'（Library Group）"[②]。同年 9 月，日本财长应邀参

① 庞中英：《1945 年以来的全球经济治理及其教训》，《国际观察》2011 年第 2 期，第 1 ~
8 页。
② Gordon S. Smith， "G7 to G8 to G20: Evolution in Global Governance," *CIGI G20 Papers*,
No. 6, 2011.

加，形成五国集团（G5）的雏形。1975 年，在法国的提议下，法国、美国、英国、联邦德国、日本五国首脑在巴黎召开了首次五国集团领导人峰会，意大利作为非正式成员参加。在随后的 1976 年，意大利与加拿大正式加入，七国集团（G7）至此正式成立。

在过去的数十年里，这七国领导人通过年度会晤的方式就复杂多变的国际政治经济形势交换看法，在此基础上协调政策、达成共识，对全球经济治理的财政、金融、贸易等方面产生深远影响。在过去相当长的一段时期内，七国集团被视为世界经济的"指导委员会"。

小和田恒曾指出，七国集团被视为西方主要经济体的领导人在经济、政治方面协调与沟通的平台；基辛格等代表则坚持这一长久机制定期提供政策方向。在一定意义上，七国集团首脑会议可谓具有相似思想国家领导人的"俱乐部"。

加拿大多伦多大学 G8&G20 研究项目主任约翰·科顿教授早在 20 世纪80 年代末就曾表示，西方七国峰会正逐渐成为国际治理的主导性力量。20世纪 90 年代中期，科顿教授又指出旨在寻求共识的七国集团领导人峰会机制已发展为全球治理的中心，这一观点随后在西方学界产生了很大的影响。

随着苏联解体、冷战结束，从 20 世纪 90 年代起，俄罗斯逐渐参加七国集团峰会的部分活动，并于 1997 年正式加入该组织，西方七国首脑会议变成了"八国峰会"。这是七国集团自成立 20 多年来首次吸收新成员国，八国集团（G8）形成。但俄罗斯由于经济实力与西方七国相差较大，在参加全球治理议程中所拥有的话语权非常有限，与西方大国根本不能相比，在其中只是扮演着边缘的角色。2014 年 3 月，克里米亚入俄，西方大国以将俄罗斯从八国集团"除名"等方式对俄进行制裁，八国集团又变为了七国集团。

七（八）国集团全球治理的议题大致经历了四个时期。（1）成立之初至 20 世纪 70 年代末的创建时期，首脑会议逐步走向制度化，议题主要集中在经济领域，旨在协调各成员国的对外经济政策。（2）20 世纪 80 年代初至冷战结束，该时期的议题领域不断拓展，除了经济方面，也开始涉及阿富汗问题、中东问题等安全与外交政策问题。（3）冷战后至 2008 年全球金融危机爆发前，这段时期的议题更多地涉及全球经济问题，七（八）国集团逐渐成为全球经济治理的中心。（4）2008 年全球金融危机至今，二十国集团的重要性愈加凸显，七（八）国集团在全球经济治理中的主导地位受到了很大的冲击。

### 4.2.2　七（八）国集团的缺陷与困境

七国集团自成立之初就具有小集团"炉边谈话"的色彩，具有西方联盟的性质。即便是后来俄罗斯的加入，也没有使这一性质发生改变。随着新兴国家的日渐崛起，七（八）国集团意识到仅仅邀请新兴国家领导人在峰会期间参与"边会"，而不参加关于全球经济治理的实质性讨论，会引起这些国家的不满，而且这种做法也不能很好地应对面临的全球经济问题。这样一来，选择就在于：或者七（八）国集团做出制度性的改变、真正吸纳新兴国家，或者新兴国家创建自己的机制。

历次七（八）国集团首脑会议的议题更多地集中在超越主权国家范围的全球治理方面，以此来主导全球化进程，向世界其他地区推广资本主义市场经济与民主价值观，进而塑造自身成为有效的全球治理中心，在世界格局中继续保持领导地位。

约翰·科顿教授还指出，七（八）国集团还有进行国内政治治理和发展全球治理的作用。但一个无法忽视的事实是：随着新兴国家的群体性崛起，离开与新兴大国的合作，七（八）国集团已无法再单独解决日益凸显的一系列全球性问题。安德鲁·库珀认为，七（八）国集团的合法性与有效性"双重危机"已经导致国际体系治理的严重不足。托马斯弗斯也认为七（八）国集团的机能即将丧失，西方工业国家对世界经济的领导地位已受到几个发展中国家领头羊的有力挑战。

从正式成立至今，七国集团经历了八国集团模式，后来又回到最初的"七国"，世界却已不是原来的模样。在大变局下，七国集团面临巨大的挑战。

在代表性与合法性方面，国际机制的合法性在很大程度上取决于非主导国家的参与度，以及所享有的份额与相应地位。七（八）国集团是西方大国主导的国际机制，并不代表广大发展中国家的利益诉求。而且20世纪建立的国际机制已经不能体现当今国际政治经济格局的巨大变迁，现存力量对比与既有权力结构之间的矛盾格外复杂，这致使七（八）国集团在代表性与合法性方面严重缺失。虽然首脑会议—部长会议—专家工作组的决策机制可以"保证首脑外交的绝对优势,但决策的封闭性也使其面临民主合法性的质疑"①。

在机制安排方面,从国际法意义来讲,七(八)国集团并不是一个完善的国际组织,虽然它的规则在一定程度上发挥着作用,但松散的体制使其决策并不具备有效的约束力,同时也带来强制性手段的缺失。

在执行效率方面,由于七(八)国集团并没有宪章与组织化的机构以及秘书处,② 其达成的共识并不具有法律效力,较低的法律化程度自然会影响其有效性。而且,随着峰会议题从经济到政治领域的不断扩大,七(八)国集团对关键性问题的解决成效即执行效率越来越受到各方的质疑。

此外,七(八)国集团决策的执行主要依靠各成员国的自觉,这自然导致那些与成员利益相悖的协议流于形式而不能达到预期效果,会议的高规格与执行的低成效反差较大。

在世界经济格局变迁的背景下,二十国集团异军突起,七(八)国集团"面临着如何参与全球治理和应对新兴国家群体性崛起的双重挑战"③,在未来发展上也存在着更多的不确定因素,"甚至有被边缘化的危险"④。现在的七国集团需要对未来如何扬长避短、应对新的挑战进行战略性反思,在加强内部协调与合作的同时,正确处理与二十国集团等国际组织、机制的关系,携手面对日益突出的全球性问题,改变因自身实力的下降而日益力不从心的状态。

# 4.3   二十国集团的全球经济治理举措

## 4.3.1   G7/G8 的扩大:G20 与 G8 + 5

20 世纪 90 年代末,亚洲国家相继爆发金融危机,这使八国集团逐渐

---

① 卢静:《试析八国集团的改革与发展前景》,《外交评论》2009 年第 5 期,第 119 页。

② 〔加〕约翰·柯顿:《强化全球治理:八国集团、中国与海利根达姆进程》,朱杰进译,《国际观察》2008 年第 4 期,第 46 页。

③ 《七国集团峰会影响力下降》,新华网,2015 年 6 月 6 日,http://news. xinhuanet. com/2015 - 06/06/c_1115533778. htm,最后访问日期:2021 年 6 月 15 日。

④ 卢静:《试析八国集团的改革与发展前景》,《外交评论》2009 年第 5 期,第 117 页。

意识到，新兴市场国家在全球经济治理中需要得到更多的关注。在财长和央行行长层面，为防止类似亚洲金融风暴的重演，保持国际金融与货币体系的稳定，1999 年 9 月，在华盛顿宣布成立二十国集团财长与央行行长会议机制，由原八国集团和作为实体的欧盟、澳大利亚、中国、韩国以及具有广泛代表性的发展中国家组成（见表 4 - 1）。二十国集团成员在人口方面约占世界人口的 2/3，总国土面积达到全球的 60%，国内生产总值更是占据世界的 90%，覆盖范围广泛，涵盖了主要发达国家、金砖国家以及主要发展中国家（见表 4 - 2、表 4 - 3）。

随着 2008 年金融危机的爆发与蔓延，传统的国际金融治理机制七（八）国集团及其主要执行机构国际货币基金组织陷入了治理乏力的困境。[①] 处于边缘位置的二十国集团则升级为峰会机制，成为西方大国与新兴国家参与全球经济治理的重要平台。这一峰会机制的建立印证了自由制度主义的经典逻辑：相互依赖呼吁国际合作，进而建立国际制度，而国际制度的建立则又促进了国际合作。[②]

**表 4 - 1　二十国集团成员一览**

| 七国集团成员 | 美国、日本、德国、法国、英国、意大利、加拿大 |
|---|---|
| 其他发达经济体 | 作为实体的欧盟、澳大利亚、韩国 |
| 金砖国家 | 中国、俄罗斯、巴西、印度、南非 |
| 发展中国家和经济体 | 阿根廷、印度尼西亚、墨西哥、沙特阿拉伯、土耳其 |

资料来源：《数据简报：20 国集团（G20）基本概况与相关数据汇总》，中国经济网，2013 年 9 月 3 日，http://intl. ce. cn/specials/zxxx/201309/03/t20130903_24711338. shtml，最后访问日期：2021 年 6 月 15 日。

**表 4 - 2　二十国集团各成员基本概况**

| 国家 | 国民收入水平 | 国土面积（万平方公里） | 人口（万人） | 政体 | 人均收入（美元） |
|---|---|---|---|---|---|
| 中国 | 中低收入国家 | 960 | 130000 | 人民代表大会制 | 3590 |

---

① 崔志楠、邢悦：《从"G7 时代"到"G20 时代"——国际金融治理机制的变迁》，《世界经济与政治》2011 年第 1 期，第 134～154、159 页。
② 崔志楠、邢悦：《从"G7 时代"到"G20 时代"——国际金融治理机制的变迁》，《世界经济与政治》2011 年第 1 期，第 134～154、159 页。

续表

| 国家 | 国民收入水平 | 国土面积<br>（万平方公里） | 人口<br>（万人） | 政体 | 人均收入<br>（美元） |
|---|---|---|---|---|---|
| 欧盟 | 高收入国家群 | 433 | 49970 | 27 国联盟 | 32777 |
| 美国 | 高收入国家 | 930 | 30700 | 总统制 | 47240 |
| 德国 | 高收入国家 | 35.7 | 8200 | 议会制 | 42560 |
| 日本 | 高收入国家 | 37.7 | 12000 | 议会制 | 37870 |
| 英国 | 高收入国家 | 24.41 | 6140 | 议会制 | 41520 |
| 俄罗斯 | 中等收入国家 | 1707 | 14190 | 总统制 | 9370 |
| 澳大利亚 | 高收入国家 | 769 | 2206 | 议会制 | 43770 |
| 印度 | 中低收入国家 | 298 | 116000 | 议会制 | 1180 |
| 韩国 | 高收入国家 | 9.96 | 4874.7 | 总统制 | 19830 |
| 巴西 | 中等收入国家 | 851.49 | 19100 | 总统制 | 8040 |
| 意大利 | 高收入国家 | 30 | 6002 | 议会制 | 35080 |
| 墨西哥 | 中等收入国家 | 196 | 10670 | 总统制 | 8920 |
| 沙特阿拉伯 | 高收入国家 | 225 | 2370 | 君主制 | 17700 |
| 印度尼西亚 | 中低收入国家 | 190 | 22200 | 总统制 | 2230 |
| 南非 | 中等收入国家 | 121 | 4932 | 总统制 | 4932 |
| 土耳其 | 中等收入国家 | 78.36 | 7256 | 议会制 | 8730 |
| 阿根廷 | 中等收入国家 | 278 | 4028 | 总统制 | 7570 |
| 加拿大 | 高收入国家 | 998 | 3350 | 议会制 | 42170 |
| 法国 | 高收入国家 | 63.2 | 6545 | 总统制 | 42680 |

注：以上数据为 2009 年数据，来源于世界银行 WDI 数据库。

资料来源：《数据简报：20 国集团（G20）基本概况与相关数据汇总》，中国经济网，2013 年 9 月 3 日，http://intl. ce. cn/specials/zxxx/201309/03/t20130903_24711338. shtml，最后访问日期：2021 年 6 月 15 日。

**表 4 - 3　二十国集团各成员近年 GDP 一览**

单位：亿美元

| 国家和地区 | 1990 年 | 2000 年 | 2005 年 | 2009 年 | 2010 年 | 2011 年 | 2012 年 |
|---|---|---|---|---|---|---|---|
| 中国 | 3569 | 11985 | 22569 | 49913 | 59305 | 73185 | 82270.3 |
| 阿根廷 | 1414 | 2842 | 1832 | 3071 | 3687 | 4460 | 4749.5 |
| 澳大利亚 | 3141 | 4169 | 6965 | 9242 | 11316 | 13718 | 15417.9 |
| 巴西 | 4620 | 6447 | 8822 | 16217 | 21430 | 24767 | 23959.6 |
| 加拿大 | 5827 | 7249 | 11338 | 13376 | 15770 | 17361 | 18190.8 |

| 国家和地区 | 1990 年 | 2000 年 | 2005 年 | 2009 年 | 2010 年 | 2011 年 | 2012 年 |
|---|---|---|---|---|---|---|---|
| 法国 | 12442 | 13263 | 21366 | 26197 | 25490 | 27730 | 26086.9 |
| 德国 | 17145 | 18864 | 27663 | 32986 | 32589 | 35706 | 34005.7 |
| 印度 | 3266 | 4747 | 8342 | 13611 | 16843 | 18480 | 18248.3 |
| 印度尼西亚 | 1144 | 1650 | 2859 | 5396 | 7080 | 8468 | 8781.9 |
| 意大利 | 11334 | 11040 | 17863 | 21111 | 20436 | 21948 | 20140.1 |
| 日本 | 31037 | 47312 | 45719 | 50351 | 54884 | 58672 | 59639.6 |
| 韩国 | 2638 | 5334 | 8449 | 8341 | 10149 | 11162 | 11558.7 |
| 墨西哥 | 2627 | 5814 | 8489 | 8824 | 10359 | 11553 | 11771.1 |
| 俄罗斯 | 5168 | 2597 | 7640 | 12226 | 14875 | 18578 | 20219.6 |
| 沙特阿拉伯 | 1168 | 1884 | 3156 | 3767 | 4508 | 5768 | 7273.0 |
| 南非 | 1120 | 1329 | 2471 | 2830 | 3635 | 4082 | 3843.1 |
| 土耳其 | 1507 | 2666 | 4830 | 6146 | 7311 | 7731 | 7944.6 |
| 英国 | 10126 | 14772 | 22805 | 21714 | 22519 | 24316 | 24405.0 |
| 美国 | 57508 | 98988 | 125643 | 138636 | 144471 | 150940 | 156847.5 |
| 欧盟 | 72903.8 | 84769.3 | 137487.9 | 163103.7 | 162227.8 | 175776.9 | 165840.0 |

注：以上数据均来源于世界银行 WDI 数据库。

资料来源：《数据简报：20 国集团（G20）基本概况与相关数据汇总》，中国经济网，2013 年 9 月 3 日，http://intl.ce.cn/specials/zxxx/201309/03/t20130903_24711338.shtml，最后访问日期：2021 年 6 月 15 日。

在领导人层面，2003 年法国举行八国首脑会议，首次邀请中国等发展中大国参会；2005 年，在英国举行的八国首脑会议，确立了八国集团同 5 个发展中国家领导人对话机制（G8+5），即加上中国、印度、巴西、墨西哥、南非，以此作为西方发达国家主导下的全球经济治理体系的补充。2007 年 6 月，海利根达姆八国集团峰会开启了"海利根达姆进程"，"G8+5 对话会议"机制正式形成。"G8+5"的南北对话格局，议题涉及关乎全球利益的南北关系、全球气候变化、非洲贫困问题等方面，这也反映出发达国家主导的旧的全球治理模式在不断受到挑战。

从最初的 G5，到 G7、G8 的兴盛，再到 G20 及 G8+5 的形成发展，我们可以看出，在 20 世纪 70 年代之后的全球经济治理中，由若干国家组成的非正式国家集团模式层出不穷。这深刻反映了后布雷顿森林体系时代全球经济治理的特点，也形成了 G-n 模式出现与发展的趋势。其一，全球化的深入发展、相互依存程度的不断加深以及对全球性公共产品的日益需求是治理模式发展的根本动力，在经济全球化的浪潮下，国际社会亟待国际机制提供更多的全球性公共产品；其二，在一定程度上，国家集团治理的形式，是经济全球化日渐发展到一定阶段的客观选择；其三，随着世界经济政治格局的不断深化调整、各国综合实力的此消彼长，全球经济治理的主体也在相应地发生调整与变化，而金融危机与大国利益博弈则是促进治理模式调整的"催化剂"。[①]

### 4.3.2 二十国集团的权力、决策架构及同国际组织的关系

二十国集团属于布雷顿森林体系框架内的一种非正式对话机制，匹兹堡峰会把二十国集团定位为"国际经济合作的主要论坛"，也说明了其松散的非正式论坛性质。这一性质为成员彼此间达成共识提供了相对宽松的环境，灵活的决策氛围也使各国领导人在讨论时可以不受条条框框的束缚，进行自由理性的思考。在决策程序和执行方面，二十国集团遵循的是协商一致原则，该原则主要通过软约束的方式发挥作用。

目前，在筹备架构方面，二十国集团峰会以"三驾马车"（Troika）模式为引领，即本次峰会主席国与上次、下次主席国一起作为峰会总体筹划的指示牌和向导，主席国采取轮换制。在借鉴七（八）国集团模式的情况下，二十国集团以各国特别代表统筹协调峰会各项工作的协调人渠道（Sherpas' Track）和保留财长、央行行长会议机制的财金渠道（Finance Track）"双轨"筹备机制为支撑。同时，以部长级会议和各专门工作组为辅助架构，以相关国际机构如国际货币基金组织、世界银行等为技术支持，并以具有代表性的非成员的外围对话（outreach）和配套活动（side events）作为峰会机制间接的有益补充。

与七（八）国集团相比，二十国集团具有突出的特点：其一，二十国集团兼顾了主要发达国家、新兴国家、主要发展中国家以及不同地域之间的平衡，具有更为广泛的代表性，机制更加多边化；其二，在协商一致的原则下，新兴市场国家得以在相对平等的地位上同西方发达国家在全球经

---

[①] 金中夏等：《中国与G20——全球经济治理的高端博弈》，中国经济出版社，2014。

济领域展开沟通、交流与合作；其三，相较于七（八）国集团，二十国集团具有相对较强的实效性，这主要体现在二十国集团在应对全球金融危机、推动世界经济复苏方面发挥了不可替代的重要作用；其四，二十国集团的宗旨是推动西方大国与新兴国家之间就实质性问题展开讨论与研究，寻求合作共赢，推动国际金融的稳定与世界经济的持续健康发展，而七（八）国集团则是名副其实的"富人俱乐部"。

二十国集团所创建的全球经济治理架构，是以二十国集团峰会达成的共识为向导，以西方大国与新兴大国的协调与合作为主要手段，以主要国际组织参与并落实其相关决策为辅助因素。二十国集团没有常设秘书处，其决策还需要相关国际组织的有力推行与落实，如此，二十国集团同国际组织的关系自然相对重要。

自成立以来，无论是在财长与央行行长会议时期，还是在领导人峰会时期，二十国集团同相关国际组织如国际货币基金组织、世界银行、世贸组织、金融稳定委员会（FSB）、联合国（UN）、经合组织（OECD）等一直有着密不可分的联系。

在一定程度上，二十国集团与相关国际组织之间既是一方引领与决策、另一方跟进与落实的"引领—跟从"关系，也是两者相辅相成、加强彼此之间协调配合进而扩大合法性与影响力的"共生"关系。具体来讲，相关国际组织可以在各级别二十国集团会议的筹备过程中就相关具体议题提供一定的智力与技术支持，同时它们也是二十国集团会议成果的相应贯彻者与执行者[1]。例如，国际货币基金组织开展二十国集团宏观经济政策相互评估进程的工作，并执行二十国集团峰会推动的国际货币基金组织份额与治理改革的一揽子方案；世贸组织与经合组织研究大宗商品价格波动与全球价值链体系等贸易问题，并促成二十国集团呼吁反对贸易保护主义。[2] 可以说，在二十国集团的核心议程中，无论是为促进宏观经济政策协调而展开的相互评估进程，还是为完善国际金融体系而进行的金融市场治理体系改革，抑或是多边自由贸易体系的贸易议题，都是通过国际货币

---

[1] 金中夏等：《中国与 G20——全球经济治理的高端博弈》，中国经济出版社，2014。
[2] 金中夏等：《中国与 G20——全球经济治理的高端博弈》，中国经济出版社，2014。

基金组织、世界银行、世贸组织、金融稳定委员会等全球经济治理的核心
机制来进行落实的。

英国考文垂大学全球安全教授尼尔·伦威克也指出，当今全球发展前
景不明，潜在风险一直存在，非传统安全问题日益突出，各种冲突加剧，
政府与国际组织的决策过程变得更加复杂。在此背景下，二十国集团更需
明确自身的定位，成为协调者与黏合剂，而不是止步于充当沟通机制，要
构建各国在政治、经济等领域的共同价值观，紧扣民计民生，敦促各国落
实达成的系列决议。[1]

尽管如此，二十国集团与相关国际组织的关系也面临双重困境。一方
面，国际货币基金组织、世界银行、世贸组织等国际组织由世界多数国家
组成，具有广泛的代表性，但二十国集团成员在这些组织中虽为数不多却
可以在很大程度上影响整个组织的决策，这难免会引起组织中非二十国集
团成员的不满，进而对组织造成一定的内部压力；另一方面，国际组织也
逐渐意识到，离开二十国集团的支持，很多工作或改革都难以开展下去。
这种困境反映出全球经济治理领域代表性与有效性之间的矛盾。在未来，
二十国集团需要继续与国际组织进行政策协调、开展合作，加强与国际组
织及国际市民社会之间的对话，持续发展这种相互支撑的关系，从而扩大
全球经济治理的社会基础。[2]

### 4.3.3 二十国集团中的金砖国家合作与现存国际经济制度互补

长期以来，作为新兴经济体代表的金砖国家与国际金融机构之间有着
复杂的关系。印度一直是国际货币基金组织和世界银行的受益者，而中
国、巴西等则从这两大国际金融机构援助项目的接受者，转向支持世界其
他地区发展的资金、技术提供者。2008年金融危机以来，以金砖国家为主
要代表的新兴经济体在快速崛起的同时，有力地推动了国际经济体制的改
革。金砖峰会可以协调金砖国家在国际金融机构改革方面的不同立场，进
而寻求替代性的全球问题解决方案。在"首次金砖五国领导人峰会"上，

---

[1] 《英国学者：G20不应止步于充当沟通机制》，人民网，2016年7月30日，http://world.
people.com.cn/n1/2016/0730/c1002-28597551.html，最后访问日期：2021年6月15日。
[2] 金中夏等：《中国与G20——全球经济治理的高端博弈》，中国经济出版社，2014。

各国领导人一致支持二十国集团峰会成为国际经济合作的主要平台，从而为全球经济治理注入新的活力，并再次呼吁落实国际货币基金组织改革目标、提高新兴市场国家的发言权与代表性。①

2013 年，世贸组织总干事由巴西经济学家罗伯托·阿泽维多出任，中国常驻世贸组织代表易小准等则被任命为副总干事。这反映了世界对金砖国家的重视，同时有助于缩小西方国家与非西方国家在全球贸易谈判中的差距及分歧，也给世界贸易组织带来了新的希望。

除了力主以世界贸易组织为中心的全球多边自由贸易体制之外，金砖国家还需要考虑开展类似"跨太平洋伙伴关系协定"等的"金砖伙伴关系"计划。

全球治理理论发源于欧洲，最早的实践也出现在欧洲。可以说，从理论到实践，西方一直在全球治理中占据主导地位，需要非西方的新兴国家对全球治理丰富和发展，而金砖国家则提供了新的解决方案。当然，金砖国家合作需要更有价值的国际制度创新，在制度设计、指导思想方面应符合时代发展潮流，并在适当的时候为保持生命力而增添新成员。中国已经指出，要提供"新开发银行""应急储备库"等"中国方案"应对全球性问题。2014 年是金砖国家合作取得突破性进展的一年。2014 年 7 月 15 日，金砖国家新开发银行宣布成立，其以及金砖国家应急储备安排条约的签署（见表 4－4），标志着金砖国家合作进入了一个新阶段。金砖国家新开发银行的成立，在一定程度上加快了世界银行的改革进程。

表 4－4　金砖国家应急储备基金规模及各成员国出资额和所占份额

单位：亿美元，%

| 基金总规模为 1000 亿美元 | | | | |
|---|---|---|---|---|
| 国家 | 中国 | 印度 | 俄罗斯 | 巴西 | 南非 |
| 出资额 | 410 | 180 | 180 | 180 | 50 |
| 所占份额 | 41 | 18 | 18 | 18 | 5 |

资料来源：中国经济网，http://intl. ce. cn/specials/zxxx/201309/06/t20130906_1357958. shtml，最后访问日期：2021 年 6 月 15 日。

---

① 《金砖国家领导人第三次会晤发表〈三亚宣言〉》，新华网，2011 年 4 月 14 日，http://news. xinhuanet. com/politics/2011－04/14/c_121304907. htm，最后访问日期：2021 年 6 月 15 日。

　　2015 年 7 月 21 日，金砖国家新开发银行正式开业，这为金砖国家介入改革国际金融组织打开了机会之窗，金砖国家合作机制与国际金融组织的良性互动，可以为改革国际金融组织注入新的活力。上述改革措施反映了新时期国际社会新的共同需求，为国际社会提供了新的全球性公共产品，也象征着以中国为代表的新兴经济体参与全球经济治理的程度在逐步提高。

　　需要指出的是，那些关于金砖国家新开发银行和应急储备库是对国际货币基金组织和世界银行的挑战甚至替代的看法是不符合事实依据的，金砖国家新开发银行是对国际金融体系的有益补充，而且对二十国集团有着积极的引领、示范作用。而过度强调金砖国家合作的积极意义、把金砖国家合作看作新的世界秩序的开启的观点尚且言之过早，无论在规模、实力还是影响力方面，金砖国家新开发银行和应急储备库都不能与国际货币基金组织和世界银行同日而语。

　　金砖国家经济的快速增长使其改革当前国际经济体系的诉求日益迫切，特别是在国际货币基金组织份额改革等国际金融机构的监管与改革方面。而遭受金融危机、主权债务危机重创的欧美发达国家对这一改革则表现出明显的动力不足，这使金砖国家在新一轮的国际经济规则制定中为维护自身发展空间与权利而面临更大的挑战。

### 4.3.4　历次二十国集团峰会回顾、分析与总结

　　2007 年美国次贷危机爆发，由此所引发的金融危机几乎蔓延到了世界各个国家，对世界经济造成了严重的负面影响。金融危机深不可测，西方国家招架无力，如何团结一致、同呼吸共命运，一时间成为国际社会发挥政治智慧的重要命题。此后，二十国集团领导人峰会取代了之前的财长会议，这象征着二十国集团从审议机构向决策论坛的转变。自 2008 年 11 月至今，二十国集团领导人峰会业已举办 15 次，旨在讨论当今世界经济金融热点问题，改革国际经济体系，维护国际金融稳定，推动全球经济复苏与持续健康发展。在此，本部分对历次二十国集团峰会做简要的回顾与分析，从中阐释金融危机以来二十国集团在全球经济治理中的具体作用（见表 4 - 5）。

表 4 - 5　历次二十国集团领导人峰会一览

| | 年份 | 日期 | 主办国 | 主办城市 |
|---|---|---|---|---|
| 第一次峰会 | 2008 | 11 月 15 日 | 美国 | 华盛顿 |
| 第二次峰会 | 2009 | 4 月 2 日 | 英国 | 伦敦 |
| 第三次峰会 | 2009 | 9 月 24 至 25 日 | 美国 | 匹兹堡 |
| 第四次峰会 | 2010 | 6 月 26 至 27 日 | 加拿大 | 多伦多 |
| 第五次峰会 | 2010 | 11 月 11 日至 12 日 | 韩国 | 首尔 |
| 第六次峰会 | 2011 | 11 月 3 日至 4 日 | 法国 | 戛纳 |
| 第七次峰会 | 2012 | 6 月 18 日至 19 日 | 墨西哥 | 洛斯卡沃斯 |
| 第八次峰会 | 2013 | 9 月 5 日至 6 日 | 俄罗斯 | 圣彼得堡 |
| 第九次峰会 | 2014 | 11 月 15 日至 16 日 | 澳大利亚 | 布里斯班 |
| 第十次峰会 | 2015 | 11 月 15 日至 16 日 | 土耳其 | 安塔利亚 |
| 第十一次峰会 | 2016 | 9 月 4 日至 5 日 | 中国 | 杭州 |
| 第十二次峰会 | 2017 | 7 月 7 日至 8 日 | 德国 | 汉堡 |
| 第十三次峰会 | 2018 | 11 月 30 日至 12 月 1 日 | 阿根廷 | 布宜诺斯艾利斯 |
| 第十四次峰会 | 2019 | 6 月 27 日至 29 日 | 日本 | 大阪 |
| 应对新冠肺炎特别峰会 | 2020 | 3 月 26 日 | 中国 | 视频会议 |
| 第十五次峰会 | 2020 | 11 月 21 日至 22 日 | 沙特阿拉伯 | 视频会议 |

资料来源：作者自制。

## 4.3.4.1　第一次峰会 2008 年 11 月　美国华盛顿

在国际金融危机席卷全球、严重影响各国经济发展和人民生活的严峻形势下，二十国集团首次峰会在华盛顿举行。会议的主要议题为对国际社会在金融危机应对方面取得的进展进行评估，分析产生危机的原因，共商应对危机的相关举措，并进一步讨论如何加强国际金融监管、改革国际金融体系等一系列问题。

鉴于金融危机日渐波及全球实体经济，在国际金融秩序方面，美国、新兴经济体、欧盟、日本均提出了不同的应对方案。[①] 美国严峻的经济形势已使其之前的"单边主义"在世界经济问题面前威信扫地，美国已经无力

---

① 《"四大主力"博弈国际金融新秩序》，人民网，2008 年 11 月 16 日，http://world. people. com. cn/GB/8212/138311/8348300. html，最后访问日期：2021 年 6 月 17 日。

"单边定调"世界金融政策，奥巴马改变"单边思维"，继而倚重国际社会携手合作的政策取向，有望在改革国际金融秩序方面得到一定的落实。

虽然西方大国与新兴国家都表示愿意携手合作、共同克服当前的危机，但前者希望维护既得权益，后者则要求扩大发言权与决策权，这之间的矛盾在短期内难以调和。

欧美之间也彼此各有侧重，欧盟希望加强市场监管力度，美国则坚持"自由市场主义"，但美国危机下的经济形势为欧盟寻求影响力的扩大提供了一定的机会。

俄罗斯、巴西等新兴国家则主张对当前国际金融体系进行根本性的革新，日本在峰会中也表示了积极的态度，倡议各成员联合行动来应对危机。

华盛顿峰会的核心问题是，主导国际金融秩序的美国，是否愿意分享其对国际金融政策的决策权。从历史来看，构建世界政治经济新秩序并非一朝一夕，短期内难以得到根本性的改变。金融危机下，美国在国际金融体系中的主导权遭到了一定程度的削弱，新兴国家、欧盟、日本等希望借助自身的后发优势来尽力争取国际金融秩序的话语权；但这样的争夺，特别是在国际社会尚未对国际金融新秩序形成广泛共识的情况下，注定将会是一场激烈、复杂、艰难而又漫长的博弈。在一定意义上可以说，对当前国际金融秩序进行改革，无疑是动了美国的"奶酪"。

值得注意的是，峰会本身就体现出金融危机中新的权力平衡。以中国、印度、俄罗斯、巴西为代表的新兴国家展示出的积极姿态，及其日益受到西方大国的重视与认可，表明新兴经济体在逐步加入国际经济新秩序的建设。

尽管博弈如此激烈，各成员在探究金融危机的起源、反对贸易保护主义、加强合作、促进经济增长等方面仍达成了多项共识，并呼吁改革国际金融体系，以免重蹈覆辙。会议还就各国在近期与长期所应采取的相关举措达成行动计划，其中包括增强金融市场透明度与完整性、强化管理、完善问责制等。会议宣言强调在金融危机的严重挑战面前，各成员将通力合作，改革全球金融体系，努力恢复世界增长；宣言内容也体现了各成员在一些具有分歧的方面达成了一定的妥协。

此次峰会被称为"第二次布雷顿森林会议"，美国《纽约时报》报道，虽然此次峰会由法国提议、美国承办，但峰会上中国的一举一动备受各国关注。国家主席胡锦涛应邀出席峰会，并在《通力合作 共度时艰》的讲话中详细阐述了中国政府关于世界各国强化合作、稳定金融市场秩序、促进世界经济的复苏与发展的立场与主张，呼吁各方采取加强宏观经济政策调控、强化国际金融监管、改革国际金融组织、发展区域金融合作等相关必要措施，尽力遏制金融危机的扩散与蔓延。① 国际社会积极评价中国在峰会中所发挥的重要建设性作用，对中国政府为国际金融稳定与全球经济发展所做出的重大贡献给予了充分的肯定。这意味着新兴大国在国际经济秩序中地位的显著提升，也成为全球经济治理转型的新起点。

### 4.3.4.2 第二次峰会 2009 年 4 月 英国伦敦

在金融危机持续蔓延深化、对实体经济的冲击日渐凸显、全球经济形势依旧严峻复杂的背景下，二十国集团伦敦峰会如期召开。

峰会的主要议题为推动世界经济复苏、向国际货币基金组织增资、尽快恢复发放贷款、强化金融监管力度、反对保护主义及援助广大发展中国家等。

英国首相布朗将共同拯救经济作为峰会重点之一。美国与欧盟在是否加大经济刺激力度方面分歧较大，前者一再敦促，而后者则有意拒绝，但双方在加强金融规范方面较为一致。

中国、俄罗斯、印度、巴西等新兴经济体努力寻求扩大自己的声音，呼吁对国际货币基金组织等国际金融机构进行充分反映世界经济变化的改革，在金融监管方面强化国际货币基金组织的监控能力，并推动宏观经济政策更加协调与平衡。

有鉴于此，与会各国在改革国际金融体系、加强宏观经济协调等方面展开了深入的讨论，就增资国际货币基金组织、强化金融监管力度等议题达成相关共识。会议决定为国际货币基金组织和世界银行等多边金融机构投资 1.1 万亿美元，在法德两国的呼吁下，提出对具有系统性影响的金融

---

① 《胡锦涛在 G20 峰会上发表重要讲话》，人民网，2008 年 11 月 16 日，http://world. people. com. cn/GB/8212/138311/8348982. html，最后访问日期：2021 年 6 月 17 日。

市场、机构和产品加强监督监管力度，且第一次把对冲基金纳入监管的范围，并表示将对"避税天堂"采取相应制裁措施。会议还决定成立替代金融稳定论坛的金融稳定委员会，与国际货币基金组织一起监测全球金融风险，并改革国际货币基金组织和世界银行，提高新兴国家和发展中国家的代表性与发言权。此外，会议承诺反对贸易保护主义，推动全球贸易与投资，在应对气候变化、温室气体减排方面积极合作，倡导发展绿色经济。

在与会各国的共同努力下，峰会取得了超出预期的务实性成果，特别是提出了一些具有含金量的危机应对策略，增加了国际社会克服危机、复苏全球经济的信心。如俄罗斯总统梅德韦杰夫所言，伦敦峰会在化解危机之路上"朝着正确方向前进了一步"①。

不过，峰会提出的各项举措多为原则性的，实质性的内容较少；对反对贸易保护主义的简单承诺远远不够，一系列更为具体的措施尚有待制定；而且，峰会公报并未着重强调宏观经济层面的全球失衡这一核心问题，这令人失望与担忧。二十国集团领导人需要从长远着想推动全球再平衡，而不是从政治动机出发采用应急的权宜之计。

全球经济金融形势依然严峻复杂，中国同国际社会一起应对金融危机，展示了中国与各国同舟共济的负责任态度，有力提振了世界各国携手合作、共克时艰的信心，受到了国际舆论的普遍赞赏与高度评价。

从华盛顿峰会到伦敦峰会，这标志着新的国际经济合作平台已不再具有西方发达国家的单一色彩，新兴国家开始在国际经济舞台中心崭露头角，且发挥着重要的建设性作用。

### 4.3.4.3 第三次峰会 2009 年 9 月 美国匹兹堡

华盛顿峰会和伦敦峰会后，在世界各国经济刺激政策和金融救援措施的作用下，全球经济开始出现积极的变化，世界金融市场趋向稳定，国际社会信心普遍增强。但全球经济形势好转的基础并不坚实，全球经济依然存在诸多不确定因素，世界经济的全面复苏依然曲折漫长。在全球经济复

---

① 《应对危机 G20 "前进一步"》，央视网，2009 年 4 月 3 日，http://news.cctv.com/world/20090403/105811.shtml，最后访问日期：2021 年 6 月 13 日。

苏的关键时刻，美国匹兹堡举办了第三次二十国集团领导人峰会。

此次峰会的主要议题包括促进全球经济复苏、经济增长方式的转变、国际金融体系改革等内容。在国际金融体系改革方面，为提高以新兴经济体为代表的广大发展中国家在国际金融领域的代表性与发言权，与会各国承诺把新兴经济体和发展中国家的国际货币基金组织份额至少提高5%，而其在世界银行的投票权则至少增加3%。这使包括中国在内的新兴国家获得了在国际经济事务上重要的话语权，是峰会取得的重要突破和历史性成果。

会议提出的"强劲、可持续、平衡增长框架"对全球经济的健康、长远发展有着重要的意义，会议还确定二十国集团峰会将形成机制化，自2011年起每年举办一次，峰会公报也指出二十国集团将成为国际经济合作的主要平台。世界经济格局调整的迹象在此次峰会上有所显露，当然，这一调整过程将会曲折与漫长。

匹兹堡峰会虽然取得了一系列显著的成果，但美国与欧盟在会议中依然有着较为激烈的争锋。奥巴马政府希望其"可持续与平衡增长框架"的提案成为峰会的重点议题，甚至明确表示作为出口大国的德国应改变过度依赖出口的状态。但德国则认为美国之所以如此，是为了利用形势的缓和来回避强化金融监管力度的责任，因此德国并不赞同寻找其他议题；德国更是担忧美国关于解决全球经济失衡的提议会影响并制约德国的宏观经济政策。尽管峰会在全球经济失衡问题上要求与会各国加强宏观经济政策协调且展开政策评估，但并未出台相关的强制性措施。[①]

在加强金融监管方面，美国与欧盟各持己见，结果各有所获。法、德等欧盟国家呼吁金融业"限薪"，峰会对此达成了一致，但在原则性框架下怎样细化这一共识、如何确定具体限制额度则是重点与难点所在；崇尚自由市场经济的美国则认为这会影响人才的吸纳，并不希望金融监管过于严苛；而金融业比较发达的英国也倾向于美国的看法，同法德有些"貌合神离"。而对于美国力主的提高银行资本金要求，欧盟国家担忧其将会损害欧洲银行的盈利能力，但与会各国同意就完善银行资本金要求制定相关

---

① 《国际金融改革：美欧争锋 互有胜负》，新华网，2009年9月28日，http://news. xinhuanet. com/fortune/2009–09/28/content_12119005. htm，最后访问日期：2021年6月17日。

规则并随后付诸实施。[1]

而在欧美协调立场方面，尚且有待时日。随着新兴经济体在世界经济格局中地位的不断提高，之前处于主导地位的欧美国家需要进行相应的利益协调。在此过程中，欧洲国家处在相对弱势的位置，想要美国做出退让需要长期的渐进过程。欧美国家内部复杂多变的政治因素，致使欧美国家在短时间里难以协调双方立场，也导致峰会成果在一定程度上受到了弱化。

国家主席胡锦涛指出，当前各国的首要任务仍然是协力应对金融危机、促进全球经济逐渐复苏，为此，需要坚定不移地刺激经济增长，进一步改革国际金融体系，推动世界经济全面均衡持续发展。[2] 同时再度表明中国将继续以负责任的态度，认真贯彻落实对外援助的承诺，争取向发展中国家提供更多的国际援助。

全球金融危机以来，一向积极参与国际发展合作的中国，在自身面临严峻挑战的情况下，通过扩大内需拉动经济增长、使经济率先回暖，为世界经济的复苏做出了重大贡献，受到了世界各国的广泛赞誉。时殷弘教授曾指出，这充分体现了中国对世界经济问题积极负责、勇于担当的态度。[3] 沈骥如研究员也谈道，匹兹堡峰会对中国而言有着更重大的意义，那就是中国在世界经济中日渐突出的作用、国际地位的逐步提升得到了美国的肯定与认可，这也意味着中国从以前的旁观者、接受者开始转向规则的制定者，这无疑将有利于更好地维护中国等广大发展中国家的正当权益。[4]

### 4.3.4.4 第四次峰会 2010 年 6 月 加拿大多伦多

在国际社会的共同努力下，世界经济开始脆弱复苏，但在风险持续上

---

[1] 《国际金融改革：美欧争锋 互有胜负》，新华网，2009 年 9 月 28 日，http://news. xinhuanet. com/fortune/2009 - 09/28/content_12119005. htm，最后访问日期：2021 年 6 月 17 日。

[2] 《胡锦涛在二十国集团领导人第三次金融峰会上的讲话》，新华网，2009 年 9 月 26 日，http://news. xinhuanet. com/politics/2009 - 09/26/content_12112502. htm，最后访问日期：2021 年 6 月 17 日。

[3] 《国内专家称匹兹堡峰会凸显中国转向"规则制定者"》，新华网，2009 年 9 月 29 日，http://news. xinhuanet. com/fortune/2009 - 09/29/content_12123482. htm，最后访问日期：2021 年 6 月 17 日。

[4] 《国内专家称匹兹堡峰会凸显中国转向"规则制定者"》，新华网，2009 年 9 月 29 日，http://news. xinhuanet. com/fortune/2009 - 09/29/content_12123482. htm，最后访问日期：2021 年 6 月 17 日。

升的欧洲主权债务危机冲击下，经济复苏的不确定因素增加，金融稳定面临新的挑战。金融危机的深层次影响尚未从根本上被消除，世界经济的结构性与系统性依然有着较为突出的风险。在此背景下，二十国集团领导人齐聚加拿大多伦多召开了第四次峰会。

此次峰会的主要议题为经济平衡与可持续增长、国际金融机构改革、世界贸易增长等。峰会前夕欧美异调，在促进经济增长方面存在着政策之争、在国际金融监管方面存在着形式之争、在二十国集团机制建设方面存在着利益之争，激烈的大国博弈不断上演，利益交织的背后则是不同的经济处境与诉求。

美国的首要任务是在复苏根基不牢、中期选举政治压力的严峻形势下，促进就业、刺激经济、保持增长；欧洲重在消减债务、度过危机，在债务危机下强调紧缩财政、征收银行税；新兴经济体则在于保持增长、力求发展，促进世界经济复苏，拓展在国际经济舞台的未来发展空间。

在全球经济开始复苏的形势下，各成员采取一致政策的意愿相对有所降低，彼此间在一些议题上的分歧逐渐明显，但在经济全球化下继续共同推动经济的复苏与增长依然是各方的共识。

不同于以往三次峰会的是，多伦多峰会并未在与会各方所关注的一些核心问题上达成较为广泛的一致，而是为各成员依据自身情况与节奏"量身定做"应对策略留下了较大的空间。

多伦多峰会以增长为主调，在缩小西方大国财政赤字、改革全球金融机构、反对贸易保护主义等具体问题上制定了相应的时间规划，同时强调确保与加强世界经济复苏是二十国集团的首要重任。

为推进世界各国宏观经济政策协调，多伦多峰会达成了"相互评估程序"，以待在中期使世界经济总量增加 2.5%，进而为贫困者创造数千万个就业岗位。①

国家主席胡锦涛提出了如促使二十国集团的职能从应对全球金融危机的有效机制向国际经济合作的主要平台转变，建立自由开放的世界贸易体

---

① 《专家解读二十国集团多伦多峰会成果》，新华网，2010 年 6 月 29 日，http://news.xinhua-net.com/2010－06/29/c_12278789.htm，最后访问日期：2021 年 6 月 17 日。

制，构建以公平、公正、包容、有序为特征的国际经济新秩序①等一系列
具体建议。此外，他再次呼吁帮助受到严重冲击的发展中国家克服金融危机
的影响，实现其充分的发展，从而改变南北发展严重失衡的局面，真正实现
全球经济的持久增长。②

### 4.3.4.5　第五次峰会 2010 年 11 月　韩国首尔

全球经济缓慢复苏，但新的增长点缺乏；各国利益与政策的分歧增加
了宏观经济政策协调的难度，进一步加剧了经济复苏的脆弱性与不平衡
性。国际金融市场波动幅度较大，贸易保护主义有所增强，这表明金融危
机深层面的影响仍在继续发酵，世界发展问题愈加突出。

在这样的背景下，第五次二十国集团峰会在韩国首尔举行，峰会主题
为"跨越危机，携手成长"，与会各国领导人共同商讨汇率、全球金融安
全网、国际金融机构改革和发展四大议题。这也是"发展"议题首次被选
入二十国集团领导人峰会的主要议题。

由于不同的增长水平和仍在继续扩大的不平衡，各成员间的团结与凝
聚力相对减弱，一些成员出现各行其是的倾向。美国重启量化宽松政策，
与会各国同美方沟通，并就此表达关切。事实上，根据美国实体经济的现
状，这些资金很可能无法完全进入美国经济系统，反而会通过金融系统流
向增长势头良好的新兴经济体，③ 因此，量化宽松政策未必能够取得预期
的效果。

首尔峰会重点讨论了世界经济不平衡问题，并就经常项目收支平衡议
题进行了"相互评估进程"及其相关方面的讨论。同时，会议再次强调改
革国际金融机构，支持国际货币基金组织向代表性不足的新兴国家等转移

① 《同心协力　共创未来——在二十国集团领导人第四次峰会上的讲话》，人民网，2010 年
6 月 27 日，http://politics.people.com.cn/GB/1024/11983719.html，最后访问日期：2021
年 6 月 17 日。
② 《同心协力　共创未来——在二十国集团领导人第四次峰会上的讲话》，人民网，2010 年
6 月 27 日，http://politics.people.com.cn/GB/1024/11983719.html，最后访问日期：2021
年 6 月 17 日。
③ 《写在二十国集团首尔峰会闭幕之际》，新华网，2010 年 11 月 13 日，http://news.xinhuanet.
com/2010-11/13/c_12769492.htm，最后访问日期：2021 年 6 月 17 日。

6% 以上的份额。峰会还就汇率政策与协调方面提出相关建议，并承诺建设全球金融网以及加强金融监管力度。

峰会通过了"首尔发展共识"和跨年度行动计划，峰会宣言解答了当时世界经济复苏与全球治理的重点问题，并承诺了包括发展在内的一系列全球性议题，这标志着二十国集团对发展问题的认知上升到了新的层次。峰会还见证了峰会主办方从大西洋国家成员转移至非 G8 成员、新兴的亚太国家且保留了民主国家的举办资格。

国家主席胡锦涛在题为《再接再厉 共促发展》的重要讲话中，建议各方完善框架机制、提倡开放贸易、健全金融体系、改变发展差距，进而推动合作发展、协调发展、稳定发展和平衡发展。① 其中最重要的便是第一点，框架机制关系到二十国集团的未来定位与合作发展，胡锦涛主席指出二十国集团需要从短期应急向长效治理转变，成为政策协调、推进合作的主要平台。

虽然在峰会前后，分歧并未在根本上得到化解，但与会各方也明白若以单一的标准来要求各个国家并非合乎实际的做法，求同存异也是一种智慧。

### 4.3.4.6 第六次峰会 2011 年 11 月 法国戛纳

时值欧洲主权债务危机突出，主要经济体经济出现下滑，全球金融市场起伏动荡，新兴经济体面临较大的通胀压力，保护主义继续升温，西亚、北非动荡不定，自然灾害与极端气候频现，全球经济复苏变数增加。在此国际背景下，法国名城戛纳迎来了二十国集团领导人第六次峰会。

对于此次峰会，不少与会国家均寄予厚望。美国的重点诉求是解决本国经济问题，为应对国内的高失业、高赤字、低增长等一系列经济挑战，希望在峰会上寻求有效的国际策略。欧盟则倡议各成员共同承担责任，加强协调，保持金融稳定，推动世界经济的复苏与平衡增长。俄罗斯呼吁落实历次峰会的决定，在削减财政赤字方面立场坚定，并将与其他金砖国家协同行动。巴西希望此次峰会可以稳定日益严峻的世界金融形势，并力求

---

① 《胡锦涛在二十国集团领导人第五次峰会上的讲话》，新华网，2010 年 11 月 12 日，http://news.xinhuanet.com/world/2010 - 11/12/c_12766973.htm，最后访问日期：2021 年 6 月 17 日。

增加发展中国家在世界金融机构中的参与权与决策权。南非主张改革全球治理机构，以使其更多地反映广大发展中国家的权益，同时关注经济增长与就业，以及非洲大陆基础设施建设。①

峰会"新世界、新思维"的主题寄托了摆脱经济困境的高度期望，主要议题为欧洲主权债务危机、全球经济复苏与增长、国际货币体系改革与金融监管、全球治理等。其中，如何在欧债危机新挑战面前维护并保持经济复苏势头成为此次峰会的首要命题。会议强调了二十国集团的宏观经济政策协调，并倡议构建更能抵抗风险、更加稳定的国际货币体系。会议还通过了旨在促进增长与就业的"戛纳行动计划"。

戛纳峰会上，新兴市场国家的积极参与，受到了国际舆论的普遍关注。国家主席胡锦涛指出，世界经济发展已处于何去何从的关键十字路口，全球经济治理正面临尤为艰巨的重任，登高望远、超越具体分歧与一时得失，才能走出当前危机、实现共同发展。他提出了增长兼顾平衡、合作中谋求共赢、改革中完善治理、创新中不断前进、发展中共促繁荣等具体建议，② 特别是对于全球经济治理，他强调，此次金融危机暴露了全球经济治理体系的各种弊端，但也开启了构建更加公正合理的全球经济治理体系的历史进程。

### 4.3.4.7　第七次峰会2012年6月　墨西哥洛斯卡沃斯

在国际社会与二十国集团各成员不懈的共同努力下，世界经济保持了复苏的态势，增长前景也有所改善。但是，从根本上消除引发全球金融危机的深层次矛盾尚待时日，而新的风险与挑战又在不断地积聚，全球经济的不确定因素显著增加，欧洲国家主权债务危机突出，主要经济体增长依然乏力，保护主义抬头，形势并不乐观。在此背景下，二十国集团领导人第七次峰会在墨西哥洛斯卡沃斯召开。如何在把握世界经济形势的前提下完善

---

① 《G20戛纳峰会：化解危机 各有"方略"》，新华网，2011年11月3日，http://news.xin-huanet.com/2011 – 11/03/c_122234219.htm，最后访问日期：2021年6月17日。

② 《合力推动增长 合作谋求共赢——在二十国集团领导人第六次峰会上的讲话》，人民网，2011年11月3日，http://finance.people.com.cn/GB/8215/210272/233385/233396/161322 85.html，最后访问日期：2021年6月17日。

国际金融体系，以及促进发展、扩大就业等成为此次峰会的主要议题。

面对愈演愈烈的欧债危机，其他经济体亦难独善其身，怎样才能避免危机的纵深发展、避免世界金融市场的动荡，二十国集团被寄予厚望。但是，二十国集团内部和欧盟内部所存在的分歧，无疑为危机的解决带来了负面影响。例如，美、英、法等国等主张对陷入危机的国家继续提供财政支援，刺激而非紧缩经济；德国则认为面临债务危机的国家应实行财政紧缩与进行经济改革。① 二十国集团中的欧元区成员表示将采取一切必要措施来打破主权债务与银行债务间的恶性循环，维护欧元区的稳定。各方也呼吁欧元区与希腊在改革与可持续发展方面通力合作，积极构建更加一体化的金融体系。

墨西哥峰会通过的宣言指出，争取平衡、强劲、可持续的世界经济增长依然是二十国集团的首要任务。各成员将重塑信心、携手合作，通过推动经济增长与金融稳定来实现就业。会议宣言强调了全球与地区安全防护网的重要意义。会议还通过了"洛斯卡沃斯增长和就业行动计划"来促成合作及目标的实现。

国家主席胡锦涛在《稳中求进 共促发展》的重要讲话中指出，二十国集团的首要任务依然是保增长、促就业、促稳定，各方在巩固既有成果的同时，稳中求进，以新思路、新举措来推动发展，完善全球经济治理任重道远。② 同时他提出了坚定不移推动全球经济稳定复苏、深化金融体系改革、国际贸易健康发展、推进发展事业以及可持续发展等具体建议，并呼吁在承前启后的关键时期，重视二十国集团的建设性作用和积极影响，齐心协力，共同应对新的挑战。③ 这番讲话既向世界传递了中国对世界经济恢复的信心，也提供了一系列切中时弊的实质性新举措。

---

① 《新华时评：期盼 G20 峰会助推全球金融稳定》，新华网，2012 年 6 月 14 日，http://news.xinhuanet.com/world/2012－06/14/c_112215128.htm，最后访问日期：2021 年 6 月 17 日。

② 《胡锦涛在二十国集团领导人第七次峰会上的讲话》，新华网，2012 年 6 月 19 日，http://news.xinhuanet.com/world/2012－06/19/c_112248588.htm，最后访问日期：2021 年 6 月 17 日。

③ 《胡锦涛在二十国集团领导人第七次峰会上的讲话》，新华网，2012 年 6 月 19 日，http://news.xinhuanet.com/world/2012－06/19/c_112248588.htm，最后访问日期：2021 年 6 月 17 日。

## 4.3.4.8　第八次峰会 2013 年 9 月　俄罗斯圣彼得堡

全球经济逐渐走出低谷，但金融危机的负面影响尚存，相当一部分国家依旧没有摆脱危机的阴影，世界经济的复苏仍是一个漫长的过程，在此背景下，二十国集团领导人齐聚俄罗斯圣彼得堡召开了第八次峰会。峰会的主要议题为全球经济增长与金融稳定、可持续发展、投资、国际贸易等。

峰会宣言明确了推动经济复苏与增长、改善就业为时下紧要任务，并指出发展是实现增长和就业的关键所在。会议还发布了《二十国集团峰会五周年声明》，指出当前经济尚未完全复苏、失业率居高不下，仍需国际社会协力保持经济增长、创造更多就业机会，集体行动仍将是二十国集团最有效的工作方式。同时表示，虽然已经度过危机最严重的阶段，但二十国集团仍将一如既往致力于全球经济的强劲、持续、平衡及包容性增长。此外，峰会在保障世界金融市场稳定、改革税收政策等方面也达成了一致。不过，在推动多哈回合谈判方面，峰会仍缺乏良策；在 2010 年国际货币基金组织份额与治理改革方案方面，并未取得突破性的进展。

国家主席习近平代表新一届中国政府在圣彼得堡峰会上做出重要发言，呼吁各方合力塑造以发展创新、增长联动且利益融合为特点的世界经济。为此，各成员需要坚持负责任的宏观经济政策，坚定不移构建开放型世界经济，共同完善全球经济治理，使其朝着更加公平公正的方向发展。他强调，二十国集团是西方发达国家和以新兴国家为代表的广大发展中国家国际经济合作的重要平台，二十国集团应发展为新时期稳定全球经济、维护国际金融安全网、完善全球经济治理不可或缺的重要力量；[①] 成员之间构建更加紧密的伙伴关系，二十国集团将会走得更稳、更好、更远。

## 4.3.4.9　第九次峰会 2014 年 11 月　澳大利亚布里斯班

全球经济逐渐走出低谷，但复苏势头并不强劲，金融市场风险依旧存在，国际贸易也仍处于低位徘徊，在此背景下，澳大利亚布里斯班召开了

---

① 《习近平在二十国集团领导人第八次峰会第一阶段会议上的发言》，新华网，2013 年 9 月 6 日，http://news. xinhuanet. com/politics/2013 - 09/06/c_117249618. htm，最后访问日期：2021 年 6 月 17 日。

二十国集团领导人第九次峰会。

"推动经济增长、扩大就业与抗风险"成为此次峰会的主题。各成员讨论了国际经济形势、贸易自由化、能源安全、增强经济抗风险能力等一系列议题,致力于实现全面增长战略。与会成员领导人还在设立反腐合作网络方面达成一致。

澳大利亚总理阿博特指出,二十国集团将继续发挥重要的作用,此次二十国集团领导人峰会已实现了从应对具体事件到为全球经济增长设置议题的重要转型。习近平主席提出创新发展理念、政策及方式,构建开放型世界经济,进一步完善全球经济治理等具体建议,呼吁国际社会共同努力打造发展创新、利益融合及增长联动的世界经济新局面。此外,他倡议各成员树立利益与命运共同体意识,加强宏观经济政策协调,实现合作共赢新格局,让二十国集团在稳定世界经济、催化世界增长、推进全球经济治理方面发挥更加重要的作用,走得更好、更久、更远。①

改革存在明显弊端的国际金融体系一直是中国在历次峰会中的核心诉求之一,而习主席的此次讲话更是把这一议题上升到了历史新高度。专家们表示,布里斯班峰会显示出中国作为负责任大国对世界经济的作用日益显著,此次峰会在一定程度上可以说是由中国"塑造"的。

### 4.3.4.10 第十次峰会 2015 年 11 月 土耳其安塔利亚

复杂程度远超以往的全球经济危机仍在继续,处于深度调整期的世界经济复苏依然缓慢,经济增长依然脆弱。在此背景下,二十国集团领导人在土耳其安塔利亚召开了第十次峰会,"共同行动以实现包容和稳健增长"成为此次峰会的主题。

峰会明确当前的首要任务是实施增长战略,强调国际合作反恐,呼吁国际社会一起应对欧洲难民危机,并在打击恐怖主义问题上首次达成共识,这表明二十国集团领导人已经意识到恐怖袭击对经济发展的严重危害,也体现了新形势下二十国集团在应对新的全球性挑战方面的灵活性。

---

① 《推动创新发展 实现联动增长——在二十国集团领导人第九次峰会第一阶段会议上的发言》,人民网,2014 年 11 月 16 日,http://politics.people.com.cn/n/2014/1116/c1001-26032539.html,最后访问日期:2021 年 6 月 17 日。

此外，各成员"从加强经济复苏和提升潜力、增强抗风险能力、支持可持续性三方面着手为世界经济的稳定增长开具药方"①。与会各方还在为推动二十国集团由危机应对机制向长效治理机制转变而采取的相关具体措施方面达成一致，如贸易部长级会议机制化、提升二十国集团的包容性等。②

习近平主席在题为《创新增长路径 共享发展成果》的重要讲话中，在宏观经济政策协调、体制机制变革创新、塑造开放型世界经济、可持续发展方面提出了诸多具体建议，并强调已成为全球第二大经济体的中国将继续保持经济中高速增长，为处在深度调整期的世界经济点亮希望、增添新的动力。习近平主席高屋建瓴，准确把握全球经济形势，提出的中国方案"切中要害、务实可行"③，与"创新、协调、绿色、开放、共享"的五大发展理念一脉相承、融会贯通，同时也向国际社会传递了中国的信心与期待，展现了大国的责任与担当。

### 4.3.4.11　第十一次峰会 2016 年 9 月　中国杭州

全球经济仍未完全回到正轨，经济复苏进程缓慢且具有不平衡性，旧的问题尚未彻底解决，新的挑战又在涌现，且相互交织、错综复杂；"世界经济处于动力转换、青黄不接的过渡期"，增长动能不足；"主要经济体政策分化"，难以形成合力。④ 在这样的形势下，国际社会期待杭州峰会可以给出一定的答案。

二十国集团领导人杭州峰会以"构建创新、活力、联动、包容的世界经济"为主题，以"创新增长方式""更高效全球经济金融治理""强劲

---

① 《G20 安塔利亚峰会把脉全球经济》，新华网，2015 年 11 月 17 日，http://news. xinhuanet. com/world/2015 - 11/17/c_128438533. htm，最后访问日期：2021 年 6 月 17 日。
② 《G20 安塔利亚峰会把脉全球经济》，新华网，2015 年 11 月 17 日，http://news. xinhuanet. com/world/2015 - 11/17/c_128438533. htm，最后访问日期：2021 年 6 月 17 日。
③ 《为提振全球经济贡献中国方案和中国力量》，新华网，2015 年 11 月 16 日，http://news. xinhua08. com/a/20151116/1576543. shtml，最后访问日期：2021 年 6 月 17 日。
④ 《王毅部长在博鳌亚洲论坛 2016 年年会二十国集团（G20）分论坛上的讲话》，外交部官网，2016 年 3 月 25 日，http://www. fmprc. gov. cn/web/wjbzhd/t1350822. shtml，最后访问日期：2021 年 6 月 17 日。

的国际贸易和投资""包容和联动式发展"四大板块为重点议题。①

峰会发表了《二十国集团领导人杭州峰会公报》和 28 份具体成果文件,首先是明确了世界经济的前进方向:对于世界经济增长乏力的问题,杭州峰会指出必须走创新、改革之路,二十国集团成员聚焦创新增长议题,共同制定了创新增长蓝图,以及创新、新工业革命、数字经济三大行动计划,还制定了结构性改革共同文件,这些首创之举有望使全球经济增长重现活力。其次是制定了一系列务实的行动计划:峰会制定了《二十国集团落实 2030 年可持续发展议程行动计划》,在推进全球发展合作方面迈出了新步伐。在贸易投资领域,峰会制定了《二十国集团全球贸易增长战略》和《二十国集团全球投资指导原则》,前者致力于扭转当前全球贸易疲软的态势,后者则是世界范围内首个多边投资规则框架,填补了全球投资治理领域的空白。此外,峰会还制定了就业、金融、能源等多个领域的行动计划。②

峰会努力把共识转化为举措,努力"成为 Do Shop(行动库),而不是 Talk Shop(清谈馆)"③,努力谋求成为二十国集团从危机应对机制向长效治理机制转型的新起点,引领世界经济增长与国际经济合作方向。虽然落实这些设想在当前的全球经济条件下具有一定的难度,但不负众望、积极发挥引领作用本就是二十国集团的历史使命。

### 4.3.4.12 第十二次峰会 2017 年 7 月 德国汉堡

全球经济逐渐呈现向好势头,但其深层次问题尚未得到解决,诸多不稳定不确定因素依然存在。德国汉堡峰会以"塑造联动世界"为主题,聚焦世界经济形势、贸易、金融、数字经济、能源、气候变化、发展、非

---

① 《习近平将主持 G20 杭州峰会》,新华网,2016 年 5 月 27 日,http://paper. people. com. cn/rmrbhwb/html/2016 - 05/27/content_1682880. htm,最后访问日期:2021 年 6 月 17 日。

② 《杨洁篪就二十国集团领导人杭州峰会接受媒体采访》,新华网,2016 年 9 月 7 日,http://www. xinhuanet. com//world/2016 - 09/07/c_129272028. htm,最后访问日期:2021 年 6 月 17 日。

③ 《王毅部长在博鳌亚洲论坛 2016 年年会二十国集团(G20)分论坛上的讲话》,外交部官网,2016 年 3 月 25 日,http://www. fmprc. gov. cn/web/wjbzhd/t1350822. shtml,最后访问日期:2021 年 6 月 17 日。

洲、卫生、难民移民、反恐等议题。①

峰会通过了《二十国集团汉堡峰会公报》，强调应对当今时代挑战、塑造联动世界是二十国集团作为国际经济合作主要论坛的共同目标。各方承诺在杭州峰会成果基础上携手合作，推动贸易投资，发挥数字化潜力，建立具有韧性的全球金融体系，引领可持续发展，携手使世界经济增长更加包容，继续完善全球经济治理。②

### 4.3.4.13　第十三次峰会 2018 年 11~12 月　阿根廷布宜诺斯艾利斯

世界经济面临的不确定性增强，风险也在不断加大，尤其是保护主义、单边主义抬头，经济全球化不断遭遇诸多波折，多边主义和自由贸易体制也受到了很大的冲击，全球经济再一次面临历史性的选择。布宜诺斯艾利斯非正式会晤以"为公平与可持续发展凝聚共识"为主题，聚焦世界经济、贸易和投资、数字经济、可持续发展、基础设施和气候变化等议题。③

《布宜诺斯艾利斯宣言》着重提到了国际贸易和投资对于经济增长、生产力提高、创新发展和解决就业问题等方面的重要作用，多位领导人和部长肯定中国在这一过程中扮演着重要的角色，各方认为中国的快速发展不是一种威胁，而是一种巨大的机遇。各方还重申落实杭州峰会 2030 年可持续发展议程行动计划等一系列重要倡议，继续推动国际货币基金组织改革，加强在教育、卫生、粮食安全等全球性问题上的合作，进一步完善全球经济治理。④

---

① 《人民网评：以开放合作做大世界经济的蛋糕》，人民网，2017 年 7 月 8 日，http://m. people. cn/n4/2017/0708/c25 - 9291694. html，最后访问日期：2021 年 6 月 17 日。
② 《二十国集团汉堡峰会公报》，环球网，2017 年 7 月 21 日，https://world. huanqiu. com/article/9CaKrnK4d1r，最后访问日期：2021 年 6 月 17 日。
③ 《G20 布宜诺斯艾利斯会三大看点》，新华网，2018 年 11 月 26 日，http://www. xinhuan-et. com/world/2018 - 11/26/c_1123767036. htm，最后访问日期：2021 年 6 月 18 日。
④ 《二十国集团领导人布宜诺斯艾利斯峰会宣言》，中华人民共和国驻印度尼西亚共和国大使馆官网，2018 年 12 月 2 日，https://www. fmprc. gov. cn/ce/ceindo/chn/wjyw/t1621446. htm，最后访问日期：2021 年 6 月 18 日。

### 4.3.4.14　第十四次峰会 2019 年 6 月　日本大阪

随着逆全球化、民粹主义、贸易保护主义的不断涌现，单边主义横行，全球经济增长下行压力增大，多边自由贸易体制遭受冲击，在此背景下的大阪峰会备受关注。

大阪峰会的突出成果在于多数成员发出反对单边主义、维护自由贸易的强烈呼声，让贸易保护主义受到普遍抵制。大阪峰会明确地确认了自由、公平和非歧视的自由贸易基本原则，各方表示要努力实现自由、公平、非歧视、透明、可预测和稳定的贸易和投资环境，并保持市场开放，重申支持对世界贸易组织进行必要的改革，以改进其职能。中国参会并坚定支持多边主义和开放型世界经济，为完善全球经济治理贡献中国智慧。①

### 4.3.4.15　应对新冠肺炎特别峰会 2020 年 3 月　视频会议

这是二十国集团历史上首次以视频方式举行领导人峰会。峰会通过声明对外发出了二十国集团成员携手应对新冠肺炎疫情挑战、维护世界经济稳定的积极信号。各方承诺维护全球经济金融稳定，提振市场信心，保障就业民生，减少疫情对全球贸易和供应链的冲击。特别峰会通过了启动总价值 5 万亿美元的经济计划，以应对疫情对全球社会、经济和金融带来的负面影响，并支持各国中央银行采取措施促进金融稳定和增强全球市场的流动性。为加强国际宏观经济政策协调，防止世界经济陷入衰退，中方将继续实施积极的财政政策和稳健的货币政策，积极扩大进口，扩大对外投资，为世界经济稳定做出贡献。②

### 4.3.4.16　第十五次峰会 2020 年 11 月　视频会议

二十国集团领导人第十五次峰会以视频方式举行。峰会就贸易投资、

---

① 《G20 大阪峰会达成多项共识》，新华网客户端，2019 年 7 月 1 日，https://baijiahao. baidu. com/s？ id = 1637818566304453312&wfr = spider&for = pc，最后访问日期：2021 年 6 月 18 日。

② 《外交部发言人谈二十国集团领导人应对新冠肺炎特别峰会成果》，新华网客户端，2020 年 3 月 28 日，https://baijiahao. baidu. com/s？ id = 1662333728451976902&wfr = spider&for = pc，最后访问日期：2021 年 6 月 18 日。

财政金融、数字经济、卫生健康等一系列重大问题取得积极共识。峰会批准《二十国集团应对新冠肺炎、支持全球贸易投资集体行动》，在加强政策协调、提高贸易便利、促进国际投资、畅通物流网络等 8 个领域采取 38 项具体合作举措。峰会还达成维护多边贸易体制的重要共识，形成关于世贸组织未来的利雅得倡议，重申世贸组织目标和原则，推进世贸组织必要改革。①

峰会在保持市场开放、构建有韧性的全球供应链等方面，也都达成多项共识。在承诺保持市场开放方面，峰会提出确保公平竞争，营造自由、公平、包容、非歧视、透明、可预期、稳定的贸易投资环境。在提高全球供应链可持续性和韧性方面，承诺帮助发展中国家和最不发达国家更好融入贸易体制。峰会还制定政策指南，鼓励中小微企业积极参与国际贸易投资，促进经济包容增长。②

### 4.3.4.17  历次二十国集团峰会总结与归纳

纵观二十国集团的发展历程，我们可以看出，从 1999 年成立直至 2008 年金融危机爆发前，二十国集团在全球经济治理领域的作用并不突出；金融危机的爆发使西方国家领导人开始把目光投向二十国集团，将其升级为外交峰会，二十国集团继而处在了全球经济治理最前沿的位置，在全球经济治理的诸多领域发挥了重要作用，特别是在危机应对期间，其作用得到了国际社会的广泛认可。这样的一致认可，与其在短期内取得的显著成效有着密切的关系。

其一，在制度上确认新兴大国参与全球经济治理的地位。2009 年匹兹堡峰会正式确认二十国集团峰会为商议全球经济议题的主要平台，进而打破了以七（八）国集团为代表的西方发达国家对全球经济治理的垄断权。而国际货币基金组织总干事与世界银行行长的职位，在传统上往往由欧洲人和美国人来担任；二十国集团峰会则达成了取消这一惯例的意向性

---

① 《G20 峰会达成五大经贸成果》，新华日报网，2020 年 11 月 24 日，http://xh.xhby.net/pc/con/202011/24/content_854110.html，最后访问日期：2021 年 6 月 18 日。

② 《G20 峰会达成五大经贸成果》，新华日报网，2020 年 11 月 24 日，http://xh.xhby.net/pc/con/202011/24/content_854110.html，最后访问日期：2021 年 6 月 18 日。

共识。

其二，改革治理乏力的国际机构，从而使其行为能力得到加强。二十国集团峰会向世界银行、国际货币基金组织等国际机构提供补充资金，确保其资源充分，进而为危机严重的发展中国家提供融资、协助其渡过难关。2009 年伦敦峰会的重要成果之一就是各国为国际金融机构注资 1.1 万亿美元，其中，国际货币基金组织将获得其中最大一部分资金——5000 亿美元用于增加其风险基金。此外，国际货币基金组织将向各成员分配 2500 亿美元的特别提款权。而且，其对深陷危机的发展中国家的贷款发放将不再附加苛刻的条件，进而加强其公共属性。对于金融领域中自由放任原则泛滥、金融机构扩张过度以致金融泡沫大量累积这一导致金融危机的重要原因，二十国集团峰会多次呼吁加大对金融机构的监管力度。金融稳定论坛在伦敦峰会上被改名为金融稳定委员会，二十国集团成员加入其中，成员代表性从而得到扩大。

其三，面对金融危机，各成员在刺激经济与扭转世界经济失衡方面也达成了共识。对于危机中世界经济近几十年来最剧烈的减速，各国希望通过一系列的财政政策和货币政策来加以调整。例如，中国政府推出的 4 亿人民币经济刺激方案，日本政府公布的总额约 27 万亿日元的一揽子经济刺激方案，伦敦峰会上，与会各国 5 万亿美元的"联合财政扩张计划"等。

金融危机爆发至杭州峰会前夕，二十国集团在全球经济治理中的主要贡献大致体现在以下三个方面。

在全球经济治理的议题设置方面，二十国集团峰会在很大程度上受到了世界经济形势的重要影响。2008～2009 年的前三次峰会，议题均集中在如何有效应对金融危机、走出危机的泥沼，包括美国在内的西方大国也在积极支持全球经济治理的改革。随后，由于美国推出量化宽松政策和欧洲主权债务危机的不断扩散，2010～2012 年的第四次至第七次峰会，其议题则集中在加强国际金融监管力度，进一步改革国际金融机构，推动世界经济的强劲、可持续、平衡增长等方面。继而，鉴于世界经济复苏的不平衡性，加之新兴国家经济增长的起伏波动，2013～2015 年的第八次至第十次峰会，议题开始逐渐转向推动发展与经济增长、扩大就业等方面。

　　在过去的历次峰会中，多次均举办于西方发达国家，在"三驾马车"的制度下，峰会议题具有一定的延续性，峰会主席国在议题设置方面也具有较大的影响力，但如何避免议题的泛化、如何使峰会决议真正得到贯彻和落实，则是更需关注的问题。

　　总体来看，二十国集团的议题设置在过去的十次峰会中实现了两个转变：第一是"从关注虚拟经济和金融领域转向实体经济、贸易投资等增长议题"，第二是议题从经济金融转向更加综合的领域，如地缘政治与安全、社会与环境等议题。[①] 由于全球经济治理领导权的缺失和轮值主席国都希望留下特殊的印记，有时候峰会期间的双边会谈比峰会本身更受各方的关注。在改进二十国集团的议程设置方面，中国财政部国际财经中心主任周强武建议加强宏观经济政策的综合协调，推动二十国集团更多地关注中长期问题，进一步提高议程与议题的约束力，加强议题的延续性与平衡性。[②]

　　在全球经济治理的决策机制和规则制定方面，西方发达国家特别是美国一直占据优势主导地位，二十国集团使新兴国家有机会和西方大国共同处理世界经济事务，在加强金融监管、推动国际货币基金组织份额改革、反腐、税收等方面均取得了积极的进展。如 2009 年伦敦峰会宣布银行保密时代终结，2010 年成立二十国集团反腐败工作组与专家网络等机制、制订两年一期的反腐败工作计划等。

　　在全球经济治理的话语主导权方面，"韩国首尔峰会可能是一个分水岭"[③]。首尔峰会之前，以中国为代表的新兴国家更多地处在被动应对的位置，首尔峰会设立的"相互评估进程"，即若一国出现持续性的严重贸易失衡，可依照 MAP 的规定来评估这种不平衡的性质和阻碍相应调整的原因，这在一定程度上推动了中国在全球经济治理话语权塑造方面的转变。

① 张海冰：《G20：全球性大国的竞争与合作》，《人民论坛·学术前沿》2015 年第 21 期，第 39～51 页。
② 《周强武：提升 G20 在全球经济体系当中的作用》，人民网，2016 年 7 月 29 日，http://world.people.com.cn/n1/2016/0729/c1002-28596473.html，最后访问日期：2021 年 6 月 18 日。
③ 张海冰：《G20：全球性大国的竞争与合作》，《人民论坛·学术前沿》2015 年第 21 期，第 39～51 页。

自 2013 年始,"全球经济治理的话语主导权开始发生了明显转向"①,中国等新兴市场国家的影响力在显著提升,"一带一路"倡议、亚投行、金砖国家新开发银行等的相继提出与成立,日益影响着全球经济治理的话语讨论。

加拿大多伦多大学 G8&G20 研究项目主任约翰·科顿教授认为可以从全球治理体系枢纽模型中找到二十国集团取得成效的原因。具体来讲,在金融危机、恐怖主义的冲击下,金融、经济共同核心领域变得格外脆弱,这激发了二十国集团的危机敏感度和应对能力;而国际货币基金组织、七(八)国集团等多边多元机构在危机面前力量有限,二十国集团可以说是临危受命;二十国集团所能发挥的集体优势、内部能力的均衡、成员之间的全球性联系,赋予其独特的优势;各成员在一定程度上达成的共同理念、本国的国内凝聚力以及日益成为全球治理网络的枢纽,这些因素使二十国集团在应对危机方面的成效较为显著。

但是,随着危机的逐渐消退,危机时期的同舟共济日益让位于各成员自身利益的考量,二十国集团自身存在的弱点与不足也渐趋凸显。在二十国集团峰会的发展历程中,在前三次峰会,面对金融危机,各成员加大金融监管的力度,加强经济政策的协调,反对贸易保护主义,携手共渡难关;但之后的历次峰会,进程相对较为平稳,议题日益广泛,各成员之间的分歧随着结构的调整也日渐凸显,因此取得的成果相对较为有限。

## 4.4  全球经济治理实践的历史启示

回顾不同时期全球经济治理的历史实践,我们可以从中深受启示。

全球经济治理的关键在于处理好大国之间的关系,而多边主义在化解大国经济政策冲突方面发挥着关键作用——多边主义曾显著缓和了二战后

---

① 张海冰:《G20:全球性大国的竞争与合作》,《人民论坛·学术前沿》2015 年第 21 期,第 39~51 页。

美国、西欧、日本之间由经济政策冲突引发的矛盾。<sup>①</sup> 在当前以及未来新兴大国与西方大国之间可能发生的"经济冷战"中，多边主义仍将扮演着重要的角色。

现今全球经济治理的一个突出问题是多样性与重叠性突出，众多的国际协议与相关机构在同一个问题上存在着明显的冲突与不一致性，而多边峰会在协调这种不一致性方面大有可为。

随着金融危机的逐渐消退，危机中的"同舟共济、共克时艰"成为历史。西方国家之间的经济冲突不断，西方与非西方国家之间的经济冲突也在日益凸显。以金砖国家为代表的新兴国家群体性崛起被美、欧等西方国家解读为挑战其在全球经济治理中的主导地位，中国逐渐成为全球经济治理的新焦点。

我们需要承认全球经济治理的局限性，要寻求适度的全球经济治理，<sup>②</sup>需要国际规则来应对世界经济领域的溢出效应；但过度强调全球经济治理，结果可能只是一堆有名无实、空无用处的生硬规则。我们更需要在政治现实的基础上寻求国家利益与国际规则之间的相对平衡，而如何实现国内经济治理与全球经济治理之间的平衡，对大多数国家来说都是一个持续不断的难题。

在全球经济治理的改革与创新方面，鉴于现存国际制度、规则处于重要的改革期，历次二十国集团领导人峰会发表的联合公报都强调了改革当前国际经济制度的紧迫性与重要性。二十国集团既在一定程度上对现有世界经济制度进行了改革，也体现了国际规则的创新。在二十国集团的发展进程中，一些新的国际规则与制度正在出现，如金融稳定委员会。<sup>③</sup> 加强与改善全球经济治理的各个机构之间，特别是国际金融制度、联合国与二十国集团之间及其内部的政策连贯性尤为重要。

此外，在一定程度上，地区经济治理是走向全球经济治理的重要基石

---

① 庞中英：《1945 年以来的全球经济治理及其教训》，《国际观察》2011 年第 2 期，第 1 ~ 8 页。
② 庞中英：《1945 年以来的全球经济治理及其教训》，《国际观察》2011 年第 2 期，第 1 ~ 8 页。
③ 庞中英：《1945 年以来的全球经济治理及其教训》，《国际观察》2011 年第 2 期，第 1 ~ 8 页。

（Building Blocks）。每当全球经济治理遭遇挫折，地区经济治理就成为替代方案，① 例如，20 世纪 90 年代美国推动成立的亚太经合组织（APEC），欧洲大陆国家为抗衡美元而启动的欧元，美国为应对东亚合作、遏制中国发展而加紧推行的"亚太再平衡"等。比利时布鲁塞尔自由大学马里奥·泰洛教授提出了一个令人深思的问题：区域合作究竟是全球治理久治不愈的原因，还是解决之道?②这有待我们进一步的思考与探讨。

世界各国相互依存的程度日益加深，和平、发展、合作、共赢这一时代潮流也愈发强劲，但天下并不太平，世界面临百年未有之大变局，新冠肺炎疫情冲击下的世界经济整体复苏缓慢，发展问题依然突出，全球经济治理机制依然有待深度的改革与完善。

# 小　结

当前的全球经济治理处在不进则退的关键时刻，本章首先总结了二战以来全球经济治理的基本经验教训，全球经济治理在一定程度上受到冷战时期世界经济分裂、冷战终结带来世界经济一体化的可能性、后冷战时期世界经济重新一体化这三个连接过程的深刻影响；全球经济治理的关键在于处理好大国之间的关系，而多边主义在化解大国经济政策冲突方面发挥着关键作用；如何实现国内经济治理与全球经济治理之间的平衡，对大多数国家来说都是一个持续不断的难题。当前全球经济治理的一个突出问题是多样性与重叠性突出，众多的国际协议与相关机构在同一个问题上存在着明显的冲突与不一致性。

接着探析了七（八）国集团主导下的全球经济治理及其缺陷与困境，历次七（八）国集团首脑会议通过议题更多地集中在全球治理方面来主导全球化进程，在世界格局中保持领导地位；但七（八）国集团在机制安

---

① 庞中英：《1945 年以来的全球经济治理及其教训》，《国际观察》2011 年第 2 期，第 1~8 页。
② 〔比〕马里奥·泰洛：《欧盟、全球治理与国际秩序》，载朱立群、〔意〕富里奥·塞鲁蒂、卢静主编《全球治理：挑战与趋势》，社会科学文献出版社，2014，第 160 页。

排、执行效率、合法性等方面面临的巨大挑战，使其离开与新兴大国的合作，无法再单独解决日益凸显的一系列全球性问题。

然后阐释了二十国集团下的全球经济治理。在分析了二十国集团的内涵、权力与决策架构、同国际组织的关系之后，指出作为二十国集团的重要组成部分和新兴国家的主要代表，金砖国家在建立国际经济新秩序、推进全球经济治理方面发挥着特殊的作用。二十国集团既是国际经济合作的主要平台，也是金砖国家参与全球经济治理的重要平台。金砖国家利用二十国集团这一机制，加强彼此间的协调与合作，提高集体发言权，成为全球经济治理中首屈一指的参与主体和动力来源。随后，通过对历次二十国集团领导人峰会的回顾，阐释了二十国集团在全球经济治理中的作用，并给予客观、理性的评价，进而指出二十国集团的未来发展需要强化其成员之间的协调与合作。

最后，揭示了不同时期的全球经济治理实践带给我们的深刻启示：全球经济治理的关键在于处理好大国之间的关系，而多边主义在化解大国经济政策冲突方面发挥着关键作用；我们需要承认全球经济治理的局限性，寻求适度的全球经济治理，需要国际规则来应对世界经济领域的溢出效应，更需要在政治现实的基础上寻求国家利益与国际规则之间的相对平衡，寻求实现国内经济治理与全球经济治理之间的平衡；在全球经济治理的改革与创新方面，二十国集团任重而道远；我们还需要加强与改善全球治理的各个机构之间，特别是国际金融制度、联合国与二十国集团之间及其内部的政策连贯性。在一定程度上，地区经济治理是走向全球经济治理的重要基石。

# 第 5 章
# 中国在全球经济治理转型中的作用

在世界各国相互依存程度日益加深的时代背景下，全球治理已发展为当今国际关系的主题之一，同时也是一国对外战略的重要向度与内容。当前，全球经济治理处在关键的转折点上，中国参与全球经济治理的意愿和能力与日俱增，国际社会对中国的期待也在不断上升。那么，作为二十国集团的重要成员和全球第二大经济体，中国在全球经济治理转型中究竟发挥何种"作用"，则是备受各方关注的问题。分析中国在全球经济治理转型中的作用，需要回顾历史，需要面对现实，更需要设计未来。①

## 5.1 中国的全球治理理念与主张

### 5.1.1 中国的全球治理理念

中华文化源远流长、兼容并蓄，其中最为突出的便是"天下"主义与"大同"理想，这种特质也赋予了中华文化世界主义的恢宏气势与广阔视野。孔子就曾谈到四海之内皆兄弟，墨家亦主张"爱无差等"，《礼记·礼运》更是直言"大道之行也，天下为公"。古往今来，"天下"主义与"大同"理想作为一种信念与追求，历久弥新，新的历史条件更赋予其新

---

① 庞中英：《全球治理的中国角色：复杂但清晰》，《人民论坛·学术前沿》2015 年第 16 期，第 86~95 页。

的时代内涵，习近平主席"积极打造人类命运共同体"的宏伟倡议便是这一悠久思想传统在现实中的生动写照。

"和合"文化也是中华传统文化的精髓之一，其内在特质使中国在参与国际事务的 30 多年里形成了具有中国特色的合作理念，即在坚持合作共赢原则的同时，也坚持世界道义，坚持和平发展。

著名历史学家王赓武曾谈道，中国的全球应对方法是以变化的普遍性与必然性这一基本原理为基础的，面对当前世界秩序的变化，中国将以务实的态度做出积极的应对。"一阖一辟谓之变，往来不穷谓之通"，这在一定程度上将为全球治理提供哲学智慧。

21 世纪以来，中国政府在全球治理理念的创新发展方面亦是可圈可点。早在 2005 年 9 月，在纪念联合国成立 60 周年大会上，时任国家主席胡锦涛提出"和谐世界"这一理念，阐释了中国和平发展、合作共赢的原则与立场。在外交政策领域，"和谐世界"的理念在很大程度上勾勒了中国政府在全球治理领域的战略蓝图。在历次二十国集团领导人峰会中，中国一直秉持这一理念，在弘扬中国传统文化的同时，树立了良好的负责任大国形象，也为营造良好的国际环境创造了条件，受到世界各国的广泛认可与赞誉。

2015 年 10 月 12 日，习近平主席在中共中央政治局第二十七次集体学习时指出，全球治理的体制变革已成为大势所趋，而这一变革更需要理念的引领作用，全球治理理念需要吸收人类各种优秀文明成果，特别是中华文化在处世之道与治理理念方面同时代的契合之处。[1] 习近平主席着重提出了"共商、共建、共享"的全球治理理念，"共商"旨在集思广益，"共建"重在各施所长，"共享"意在成果惠及各方。[2] 这一理念与"构建以合作共赢为核心的新型国际关系""打造人类命运共同体"等历史性倡议有着异曲同工之妙。

---

① 《积极有为，推进全球治理体制变革——解读习近平在中共中央政治局第二十七次集体学习时的讲话》，新华网，2015 年 10 月 14 日，http://news.xinhuanet.com/politics/2015 - 10/14/c_128318652.htm，最后访问日期：2021 年 6 月 20 日。
② 《积极有为，推进全球治理体制变革——解读习近平在中共中央政治局第二十七次集体学习时的讲话》，新华网，2015 年 10 月 14 日，http://news.xinhuanet.com/politics/2015 - 10/14/c_128318652.htm，最后访问日期：2021 年 6 月 20 日。

### 5.1.2　中国政府的全球经济治理主张

全球治理发源于欧洲，最早由欧洲人提出并付诸实践；而在中国，"全球治理"这个概念可以说是一个新生事物。2008 年金融危机的爆发，使全球经济治理上升到了前所未有的高度。

2009 年 7 月 9 日，时任中国国务委员的戴秉国在"八国集团同发展中国家领导人对话会议"上首次谈到"全球经济治理"，并从治理目标、治理主体、治理方式、治理机制四个方面表达了中国政府的意见，这也是中国政府第一次正式提出并深入阐述中国的全球经济治理主张。他表示，全球性危机需要世界各国通力合作才能化解，世界经济的持续健康发展需要全球经济治理的加强与完善。具体来讲，世界各国协商合作，通过适当的机制安排共同应对经济全球化带来的各种难题，推动其逐渐朝均衡、普惠、共赢的方向发展。①

在此之后的二十国集团领导人峰会上，时任国家主席的胡锦涛多次重申这一重要理念，呼吁完善全球经济治理机制，推动全球经济治理改革，建立更加平等、均衡的新型全球发展伙伴关系，并在中国共产党第十八次全国代表大会所做的报告中再次明确强调中国将积极参加全球治理，完善全球治理任重而道远。

2011 年 3 月，时任外交部部长的杨洁篪在十一届全国人大四次会议的记者会上表示，在全球化的今天，"全球治理"非常合乎时宜；世界各国在平等协商、合作共赢的基础上，通过多边机制共同开展全球治理、为发展中国家创造更多的有利条件，符合时代发展的趋势。而作为全球经济治理重要平台的二十国集团应从短期的危机应对机制转向长效的治理机制，进而在应对全球金融与经济风险、推动国际金融机构改革、维护发展中国家利益方面做出更加重要的贡献。②

---

① 《戴秉国出席八国集团同发展中国家领导人对话会议》，中华人民共和国中央人民政府官网，2009 年 7 月 9 日，http://www.gov.cn/ldhd/2009 – 07/09/content_1361635.htm，最后访问日期：2021 年 6 月 20 日。

② 《外交部长杨洁篪答中外记者问》，新华网，2011 年 3 月 7 日，http://www.xinhuanet.com/politics/2011lh/zhibo/index_wzjz.htm，最后访问日期：2021 年 6 月 20 日。

在二十国集团峰会这一合作机制下，协调各国宏观经济政策是关键议题之一。对此，习近平主席基于世界经济的客观发展趋势，提出了"负责任的宏观经济政策"这一重要观点。这是中国为推动二十国集团"从危机应对向长效经济治理机制转型"而贡献的新思路与重要命题。"负责任的宏观经济政策"，既是对各成员的呼吁，也是中国对自身的定位与承诺，且与中国外交奉行的"负责任大国"理念一脉相承。

习近平主席也曾多次强调构建公平公正且包容有序的国际金融体系，通过不懈努力，"让二十国集团走得更好更远，真正成为世界经济的稳定器、全球增长的催化器、全球经济治理的推进器，更好造福各国人民"①。这些新主张高屋建瓴、与时俱进，有利于全球经济治理体制朝着更加公正、合理的方向发展，受到了国际社会的高度重视与普遍赞誉。需要指出的是，中国倡导和平发展、合作共赢，这不是外交辞令，也不是权宜之计，而是中国的智慧国策。

## 5.2 中国在全球经济治理中的身份定位

### 5.2.1 国际体系转型背景下中国的身份定位

国际体系②在近代曾经历了两次转型，第一次是从松散、分散的区域型体系向集中、统一的全球体系转型；第二次则是从英国主导的世界体系向美国主导的全球体系转型。2008 年金融危机的爆发加剧了国际格局的重大变化与调整，国际体系与世界秩序发生了一系列结构性的变动，当前的国际体系正处在第三次重要的转型期，转型范围之广、内容之深刻历史罕

---

① 《习近平在二十国集团领导人第九次峰会第一阶段会议上的发言（全文）》，新华网，2014年 11 月 15 日，http://news. xinhuanet. com/world/2014 – 11/15/c_1113263795. htm，最后访问日期：2021 年 6 月 20 日。

② 在赫德利·布尔看来，国际体系是"两个或两个以上国家间有着充分足够的交往，且彼此影响对方的决策制定"；肯尼思·沃尔兹认为国际体系由"系统的结构和互动的单元"所组成；而莫顿·卡普兰则把国际体系与国际力量格局混合为一体。参见〔英〕赫德利·布尔《无政府社会——世界政治秩序研究》，张小明译，世界知识出版社，2003；〔美〕肯尼思·沃尔兹《国际政治理论》，信强译，上海人民出版社，2003。

见。具体来讲，就是美国实力遭受重创，新兴国家群体性崛起，美国主导或西方主导的国际体系已难以为继，新的国际体系将向东、西方共主方向转型，这预示着多极化时代的开始。

改革开放后，中国逐渐被西方国家"纳入"其主导的国际体系；21世纪以来，欧美国家面对中国的发展备感压力，认为这是新兴"超级大国"的严重挑战，而在"如何应对中国发展"的争论中，西方国家也同样关注中国在国际体系中的影响力。随着中国发展的日新月异，西方大国纷纷要求中国承担更多的国际责任。那么，中国究竟如何对自身进行定位，进而在国际体系中发挥更为重要的作用呢？

传统意义上，中国一直将自身定位为"发展中国家"与"第三世界国家"，但是，随着中国的日渐发展，这样的定位在国际上受到了诸多质疑。

最初，中国加入相关国际制度主要是为了从中受益并改善国际、周边环境，对于在这些国际制度中发挥作用、改变国际体系的结构与方向等则为时尚早，例如，中国为使自身在国际经济中的处境得到根本性的改善而加入世贸组织。而且，这一时期中国在国际体系中的作用大多是被动、有限的。

直到后来，中国逐渐淡化"利益"这一概念，开始思考怎样在国际舞台发挥重要作用。例如，中国在加入世贸组织后更加关注国际经济制度如国际货币基金组织的改革等，甚至成为一些新制度与机制（如亚投行）的倡导者及建设者。

中国在国际体系中作用的发挥无疑会受到外交政策的制约。在实践层面，寻求内政稳定、政治安全的中国一贯奉行"韬光养晦"的外交政策和一系列以"不"为特征的外交原则（如不结盟、不称霸、不当头、不干涉他国内政等）。在特定背景下，"韬光养晦"是维护国家安全的有效法则；但随着国际环境的变化和中国自身的发展，这一政策与中国融入国际体系的矛盾开始显现。在高度一体化与信息化的当今世界，"韬光养晦"政策面临新的挑战。在参与国际事务和全球治理时，如何正确实施"韬光养晦"政策进而深度融入国际体系，这需要对中国外交原则的继承、丰富与发展。在体系层面，中国至今尚未提出一套完整的国际秩序理念，而缺乏明确的体系性主张使中国在参与国际事务和全球治理的过程中难免陷入被动境地。为获得世界大多数国家的理解，中国需要提出完整的战略设计。与此同时，世界也希望中国提出一套切实可行的国际秩序系统性设计。

新时期的中国外交战略与政策也在不断地探索中，但中国的基本意愿，既不是取代美国的世界霸权地位和西方自由世界秩序，也不是联合其他新兴大国与西方主导国家分庭抗礼、另起炉灶。中国一方面倡导完善现有的国际秩序，实现国际关系民主化，另一方面争取参与国际规则的制定，为全球治理提供更多的"中国方案"。

国家领导人把中国定位为力促解决全球性问题的负责任新兴大国，但同时也明确表示在扮演这一角色的同时将不会放弃发展中国家的身份。如此一来，新兴大国、最大的发展中国家的双重身份，将会有利于中国构建非霸权性质的多边合作体系。归纳起来，从实力定位来看，中国属于发展中国家和新兴市场国家；从角色定位来看，中国是负责任大国。①

百年未有之大变局让中国站到了新的历史舞台上，新形势下的中国外交审时度势，呈现出积极主动的态势，虽然其本质仍具有防御性。

全球治理陷入困境，期待新的理念与方法，这为中国特色大国外交提供了契机与平台。② 世界之大、问题之多，国际社会也一直期待听到来自中国的声音、看到中国的独特方案。中国政府因势而谋，应时而动，顺势而为。2014 年 11 月，习近平主席在中央外事工作会议上明确提出了构建"以合作共赢为核心的新型国际关系"这一宏大构想，这是对当前与未来世界形势的科学判断，也是对当代中国外交思想的丰富与发展。合作共赢，既是对联合国宪章宗旨、原则的继承、创新与发展，也为国际关系、全球治理提供了新思路、新理念。

中国在国际舞台上更多发声、更积极倡议，表明中国正在从国际公共产品的消费者、受益者，逐渐成长为积极的贡献者；同时，这也是中国作为负责任大国"有所作为"的具体体现。

而对于国际社会存在的一些对中国不断发展的担心与忧虑，中国不认

---

① 李志永：《中国引领全球治理的国际定位》，《太平洋学报》2020 年第 4 期，第 3~8 页。
② 《王帆：开展大国外交正处在关键时刻》，环球网，2016 年 5 月 11 日，http://opinion.hua-nqiu. com/1152/2016 – 05/8915474. html，最后访问日期：2021 年 6 月 20 日。

同也不接受"国强必霸"的陈旧逻辑。① 国家主席习近平曾在德国科尔伯基金会发表重要演讲时，详细阐述了中国和平发展道路和独立自主的和平外交政策，这也是对甚嚣尘上的"中国威胁论"做出的正面回应。他在演讲中用歌德小说《浮士德》中的人物"墨菲斯托"来形容被一部分西方国家所误解的中国。习近平主席表示，"我们将从世界和平与发展的大义出发，贡献处理当代国际关系的中国智慧，贡献完善全球治理的中国方案"②。在纪念中国人民抗日战争暨世界反法西斯战争胜利 70 周年大会的讲话中，习近平主席明确指出，"相互尊重、平等相处、和平发展、共同繁荣，才是人间正道"③。这总揽世界大势的十六字"人间正道"正是当今世界构建以合作共赢为核心的新型国际关系的全球治理良方。

### 5.2.2　中国理智、正确对待 G7/G8、BRICS 和 G20

在中国的对外政策中，大国合作、全球治理占据着重要位置，中国向来理智、正确对待七（八）国集团、金砖国家与二十国集团。

对于七（八）国集团，中国始终保持着谨慎的态度。虽然曾多次受邀出席七（八）国集团对话会议，但中国政府均未接受邀请。直到 2003 年 6 月，时任国家主席的胡锦涛才出席在法国埃维昂召开的南北领导人非正式对话会议。虽然同七（八）国集团的合作日益密切，但对于这一排外的"发达国家俱乐部"，中国政府并不主张在条件尚未成熟的时候刻意加入以致承担与自身实力并不相符的义务，且影响中国同其他发展中国家的关系。因此，中国在与七（八）国集团接触的同时，始终保持着一定的距离。

2005 年之后，国内的讨论不再聚焦于中国是否加入七（八）国集团，而是转变为加入后的利弊权衡问题。近年来，中国与七（八）国集团的联

---

① 《习近平：中国人民不接受"国强必霸"的逻辑》，新华网，2014 年 5 月 15 日，http://news. xinhuanet. com/politics/2014 – 05/15/c_1110712406. htm，最后访问日期：2021 年 6 月 20 日。

② 《习近平在德国科尔伯基金会的演讲（全文）》，人民网，2014 年 3 月 30 日，http://cpc. people. com. cn/n/2014/0330/c64094 – 24773108. html，最后访问日期：2021 年 6 月 20 日。

③ 《抗战胜利 70 周年纪念大会 习近平发表重要讲话（全文）》，人民网，2015 年 9 月 3 日，http://politics. people. com. cn/n/2015/0903/c1001 – 27543265. html，最后访问日期：2021 年 6 月 20 日。

系日益密切，但中国政府的态度始终较为谨慎。特别是随着二十国集团的崛起，中国加入七（八）国集团以及 G "X" 的可能性越来越小。

而当关于中美"共享全球经济领导权"且在一定程度上中国"取代欧洲"的中美"G2 论"甚嚣尘上的时候，① 中国方面同样保持了冷静的态度。作为一个有着"身份渴望"、备受世界瞩目的新兴大国，却如此理性，这体现了中国政府的高度战略思维，那就是始终把国内经济建设放在首要位置，参与全球治理的基本着眼点也在于寻求国内发展。

对于金砖国家，中国政府一贯倡导"开放、包容、合作、共赢"的金砖国家精神，也一直坚定支持、积极参与金砖国家合作，发挥金砖国家合作在全球经济治理转型中的特殊作用。例如，时任国家主席的胡锦涛在接受采访时指出，新兴市场国家将在推动世界经济增长、促进各国共同发展等方面发挥更多的建设性作用。这些国家的发展之路，是全球共同发展的重要组成部分，有助于全球经济均衡发展、国际关系民主化以及全球治理更加包容有效。② 在全球经济治理方面，他强调金砖国家一直致力于维护并促进发展中国家的利益，在提高发展中国家在全球经济治理中的发言权、落实联合国千年发展目标等方面努力发挥着积极的作用。金砖国家开展合作更是"经济全球化和国际关系民主化的客观要求，顺应和平、发展、合作的时代潮流，有利于建设一个持久和平、共同繁荣的和谐世界"③。而同以金砖国家为代表的新兴市场国家及广大发展中国家的合作，始终是中国外交政策的重点之一。在随后的会议讲话中他进一步指出，处于新起点的金砖国家合作，在新时期应开拓进取，努力迈向新台阶。他同时强调，"金砖国家合作顺应了和平、发展、合作的时代潮流，有利于推动国际关系民主化"④。

---

① C. Fred Bergsten, "A Partnership of Equals: How Washington Should Respond to China's Economic Challenge?" *Foreign Affairs*, Vol. 87, No. 4, 2008.

② 《中国坚定支持积极参与金砖国家合作》，人民网，2012 年 3 月 29 日，http://politics. people. com. cn/GB/101380/17526884. html，最后访问日期：2021 年 6 月 20 日。

③ 《中国坚定支持积极参与金砖国家合作》，人民网，2012 年 3 月 29 日，http://politics. people. com. cn/GB/101380/17526884. html，最后访问日期：2021 年 6 月 20 日。

④ 《金砖国家领导人第四次会晤举行 胡锦涛发表重要讲话》，中华人民共和国驻印度共和国大使馆官网，2021 年 3 月 29 日，https://www.fmprc. gov. cn/ce/cein/chn/zywl/t918857. htm，最后访问日期：2021 年 6 月 20 日。

习近平主席也曾借用中国古语表达对金砖国家合作的信心："大鹏之动，非一羽之轻；骐骥之速，非一足之力。只要我们心往一处想、劲往一处使，金砖国家将展开腾飞的翅膀，飞得更快更远。"① 习近平主席还曾强调，金砖国家合作需要兼顾政治、经济两方面，在维护国际和平的同时，推动世界经济健康发展。这些表明，中国将在金砖国家合作方面继续努力，使其成为二十国集团的特殊力量，更好地推进全球经济治理的转型。

对于二十国集团，中国视其为一种新型的大国协调，并努力发挥中国的作用。自1999年开始，中国一直积极参加二十国集团财长和央行行长会议。二十国集团涵盖了世界最重要的发达国家、发展中国家以及转轨国家，有着广泛的代表性。② 中国政府充分肯定并高度重视二十国集团全球经济治理重要平台的功能，在历次峰会上都提出了建设性的积极主张与倡议，并特别强调确保二十国集团在促进国际经济合作和全球经济治理中发挥核心作用。

在当前国际背景下，中国积极参与二十国集团的建设有利于国家利益的维护与发展，也有利于与其他国家共同推进全球经济治理转型。

第一，在经济层面，金融危机的爆发与蔓延、欧债危机的久拖不决，以及新冠肺炎疫情冲击下全球经济的低迷不振，充分暴露了现存国际经济协调机制的弊端，而二十国集团在历次危机中所发挥的重要作用展现出其深厚潜力。在历次二十国集团领导人峰会上，稳定世界经济形势、反对贸易保护主义、国际货币基金组织份额改革等一直是重要议题。世界经济复苏缓慢、国际经济形势不稳定，这在有利于中国加大海外投资的同时，也加剧了中国金融市场和人民币汇率的波动，因为中国经济的持续健康发展，离不开稳定与充满活力的世界经济体系。

第二，在对外关系层面，二十国集团将有利于多重身份的中国更好地发展对外关系。面对中国的日渐发展，西方大国已不再仅仅把中国作为一

---

① 《习近平借用中国古语表达对金砖国家合作的信心》，新华网，2014年7月16日，http://www.xinhuanet.com/world/2014 - 07/16/c_1111631354.htm，最后访问日期：2021年6月20日。

② 《胡锦涛：20国集团应加强与其他经济机构合作》，人民网，2005年10月16日，http://finance.people.com.cn/GB/8215/53986/index.html，最后访问日期：2021年6月20日。

个发展中国家来对待；但中国在和平发展成为新兴大国的同时，将继续坚持发展中国家这一身份。相较于七（八）国集团，二十国集团更有利于中国在和平共处五项原则的基础上与其他成员协调合作，更有利于有着多重身份的中国更妥善地处理与西方大国及其他国家的关系。

第三，在全球经济治理层面，中国需要一个广阔的舞台。全球化的深入发展引发一系列全球性问题并使其日渐凸显在世界各国面前，从而加剧了全球经济治理的必要性与紧迫性。在当前全球经济治理转型的关键时期，中国需要一个可以发挥新兴大国作用的广阔舞台。而在二十国集团这一新的框架下，新兴大国与西方发达国家均可以通过这一平台进行谈判协商，实现双边与多边的有效结合，共同推动全球经济治理的转型。

第四，在世界秩序层面，二十国集团这一宽阔平台有利于中国发挥大国作用。新时期，中国的和平发展、可持续健康发展，离不开构建国际新秩序和积极参与全球治理。在一定程度上，全球治理通常需要在代表性、合法性、有效性之间寻求平衡。相较于七（八）国集团，纳入新兴国家的二十国集团更具优势，更有利于作为新兴国家代表的中国发挥大国作用，因此自然成为中国的优先选择。

### 5.2.3 中国在二十国集团峰会的方案与着力点

二十国集团诞生于国际权力重心转移、全球经济治理新领导集团与新模式正在形成的过渡时期，这一背景也使各成员因立场、利益等差异而在达成共识方面存在一定的难度。二十国集团在应对金融危机方面做出了国际社会有目共睹的重大贡献，但是，百年未有之大变局下，如何把二十国集团形成的多边共识转化为有效的多方行动，是摆在各国面前的突出问题，而且，只有在这种多边共识转变为联合行动之后，二十国集团才在全球经济治理中真正占据一席之地。

中国通过二十国集团这一国际经济合作平台，巧妙地应对其他国家的政策偏好，寻找各国利益的共同点，针对不同议题采取不同的应对策略，成为二十国集团中举足轻重的合作者、建设者、改革者与平衡者。

在历次二十国集团领导人峰会中，中国国家领导人审时度势、高屋建瓶，先后提出了一系列富有建设性的中国方案，概括起来主要有以下方面。

第一，中国呼吁反对贸易保护主义，发挥二十国集团和国际经济组织的作用，推动二十国集团成为国际经济合作的新平台，倡议各成员通力协作、增强信心、共渡难关。在保持国民经济平稳、健康发展的同时，中国对遏制金融危机的扩散与蔓延、促进世界经济回稳以及疫情冲击下的经济复苏做出了不可磨灭的重大贡献，这受到了国际社会的普遍认可与广泛赞誉。

第二，抓住机遇，倡导建立国际经济新秩序。危机中既有危难又有机遇，面对现存国际经济秩序的不合理之处，中国政府通过二十国集团这一国际经济合作新平台，坚持全面性、均衡性、渐进性、实效性的原则，①呼吁共同推动建立公平、公正、包容、有序的国际经济新秩序，促进世界经济实现强劲、可持续、平衡增长。②

第三，面对世界政治经济权力重心正在发生转移的形势，努力提升新兴国家的国际地位。以中国为代表的新兴国家已成为世界经济增长的动力来源之一，随着经济实力的不断增强，新兴国家积极寻求国际地位的相应提升。二十国集团领导人峰会为新兴国家提供了一个发挥自身独特作用的宽广平台，面对这一新的机遇，中国不失时机地加强团结金砖国家等新兴经济体，在峰会上积极呼吁提高新兴国家在国际经济制度中的代表性与发言权。

第四，吸取教训，推动完善全球经济治理和世界经济的全面持续平衡发展。经济全球化导致的世界经济发展不平衡、两极分化严重一直都是世界动荡的原因之一，在新冠肺炎疫情的不断冲击下，本就处于微弱复苏进程的世界经济继续下滑，经济复苏存在着巨大的不确定性。中国在历次二十国集团领导人峰会中一贯倡议推进全球经济治理改革，在解决全球发展不平衡问题的进程中，西方发达国家应加大对发展中国家的援助规模，

---

① 《胡锦涛出席金融峰会并发表讲话》，中国日报网，2008 年 11 月 16 日，http://www.china-daily.com.cn/hqzx/2008 – 11/16/content_7208349.htm，最后访问日期：2021 年 6 月 20 日。

② 《胡锦涛在 20 国集团领导人第四次峰会上的讲话（全文）》，中华人民共和国中央人民政府官网，2010 年 6 月 27 日，http://www.gov.cn/ldhd/2010 – 06/27/content_1639029.htm，最后访问日期：2021 年 6 月 20 日。

促进联合国千年发展目标的早日实现，进而实现世界经济全面持续平衡发展。① 面对疫情的蔓延与反复，中国呼吁二十国集团构筑全球抗疫防火墙、畅通世界经济运行脉络、发挥数字经济的推动作用、实现更加包容的发展。②

新形势下，中国想推动二十国集团朝更加公正合理高效的方向发展，从而在全球经济治理中发挥更多的建设性作用，尤其需要把握以下方面。

第一，积极推动二十国集团自身的转型。随着危机的逐渐消退，二十国集团开始遭受国际社会有关方面的质疑。一些学者认为危机的到来使各成员通过二十国集团这一平台协同应对、共渡难关，但随着危机的缓解和消退，二十国集团逐渐后劲不足，未来是否能发展为全球经济治理的主导性机制存在着不确定性。在这种情况下，二十国集团的转型——从危机应对向长效治理转型，已是大势所趋、迫在眉睫。二十国集团只有首先实现自身的转型，才能更好地推动全球经济治理的转型，而2016年9月的杭州峰会则是二十国集团转型的新起点。德国发展研究所高级研究员兼培训部主管托马斯·弗斯也认为，二十国集团杭州峰会的举行，既凸显了中国日益上升的国际影响力，同时也肯定了国际社会对中国所做出的贡献。他指出，2016年在中国举办的二十国集团峰会，使其重心更倾向于《2030年可持续发展议程》，这对世界而言是一个非常有意义的调整，使二十国集团存在的意义从一个俱乐部上升到一种全球共同的责任上来。③

第二，不断推进二十国集团的机制化进程。金融危机与新冠肺炎疫情暴露出当前全球经济治理框架的缺陷，二十国集团领导人峰会在成为国际合作重要平台的同时，其机制化也将为全球经济治理转型提供新的路径。由于缺乏常设机构和固定章程，二十国集团对各成员不具有强制约束力，

① 胡锦涛：《全力促进增长 推动平衡发展——在二十国集团领导人第三次峰会上的讲话（2009年9月25日，美国匹兹堡）》，载《胡锦涛主席在联合国系列会议及二十国集团领导人金融峰会上的讲话》，人民出版社，2009，第2页。
② 《勠力战疫 共创未来——在二十国集团领导人第十五次峰会第一阶段会议上的讲话》，中华人民共和国中央人民政府官网，2020年11月21日，http://www.gov.cn/gongbao/content/2020/content_5567741.htm，最后访问日期：2021年6月20日。
③ 《托马斯·弗斯谈德主办2017年G20峰会：继承中方议程》，人民网，2016年7月30日，http://world.people.com.cn/n1/2016/0730/c1002-28597225.html，最后访问日期：2021年6月20日。

但机制化可以避免其成为"清谈馆",这同时也是二十国集团从危机应对机制向常态性机制过渡、避免危机之后被边缘化的关键步骤。历次二十国集团领导人峰会重点议题的相对延续性,也在很大程度上推动了这一机制化进程。虽然我们不宜对二十国集团机制化的前景过于乐观,但其机制化所代表的改革方向——在全球经济治理框架下增加新兴国家的权重是符合时代发展趋势的。①

第三,在二十国集团的多项议题设置中更多地体现以中国为代表的新兴国家的利益。近年来,二十国集团领导人峰会的议题范围在不断地扩展,且已开始涉及国内体制的某些较深层面。而在国际上,在二十国集团的议题方面则存在着不少争议。一部分学者认为议题应集中在维持金融稳定性、危机预防方面,避免扩大化;另一部分学者则主张议题应限于和平与安全、能源问题等大国高度关注的领域。对此,我们需要清醒地认识到,议题的集中或开放都各有利弊,过于集中容易导致谈判陷入僵局,过于宽泛则难以取得实质性的突破和进展。

对于中国来说,应高度重视议题的设置,使其更多地体现发展中国家的利益和关切,避免峰会的议程被西方大国所主导。鉴于峰会主办国的议题设置功能相对突出,这就需要中国推动更多的新兴国家主办二十国集团领导人峰会,同时加强与主办国的沟通合作,争取议题设置更多地反映发展中国家的关切。具体来讲,议题应集中在同全球经济治理较为密切的领域,特别是容易获得各方支持的国际货币体系改革、全球金融监管等方面。此外,中国还需要明确在二十国集团中既符合自身国家利益,又可以获得多数国家支持的优先议题,同时避免自身在特定议题上"被针对化"。例如,2016年,二十国集团在发展领域实现了两个"第一次":第一次将发展问题置于全球宏观政策框架的突出位置,第一次围绕落实《2030年可持续发展议程》制订行动计划。②"发展"被中国作为峰会的优先议题,就是因为新时期的中国坚持发展中国家的身份定位且关注发展问题有利于凝

---

① 王国兴、成靖:《G20 机制化与全球经济治理改革》,《国际展望》2010 年第 3 期,第 8 页。
② 《全球百家智库齐聚北京 预热 G20 杭州峰会》,人民网,2016 年 7 月 29 日,http://world. people. cn/n1/2016/0729/c1002 - 28595790. html,最后访问日期:2021 年 6 月 20 日。

聚集体认同，从而有助于进一步提升发展中国家的发言权和影响力；通过全球性发展议题，中国也将获得实施援外战略的良好契机。

# 5.3 中国推动全球治理更加有效、包容

改革开放至今，中国已经成为世界经济全球化中最重要的组成部分之一。从加入世界贸易组织以来，中国在经济上已融入世界，中国业已成为全球第二大经济体；但是，中国与世界经济特别是同现存全球经济治理之间的一些深层矛盾也进一步暴露出来。如何在新的国际形势下面对巨变的中国同全球经济治理的关系，中国在全球经济治理转型中发挥着什么作用，已成为今天重要且紧迫的宏大研究议题。

## 5.3.1 中国参与全球经济治理的特点

当前，世界各国在反思危机的同时，也在努力寻找新的方向与出路。随着全球经济治理改革的呼声日益高涨，已经成为世界第二大经济体的中国在全球经济治理转型中究竟发挥何种作用，受到了国际社会的普遍关注。具体来讲，这种作用就是指中国对全球经济治理转型所承担的责任、做出的贡献，而这种作用的发挥则取决于国家所获权力与承担责任之间的平衡。对此，张宇燕教授也认为首先需要讲求权力与责任的对等，从长期来看需要"把中国和平发展的诉求与全世界的和平发展有机结合起来"①。

在过去的几十年里，中国已经在一定程度上融入了多边体系，如联合国及其主要机构、二十国集团等全球机制，东亚和中亚的各种地区性安排，金砖国家等小多边框架，中非合作论坛等南南合作机制。但这种融入并没有因二十国集团领导人峰会而达到历史新高度。在历次二十国集团领导人峰会中，中国一直是积极的合作者与改革者，而且"首先考虑的就是增加广大发展中国家在国际货币基金组织和世界银行的代表性与投票权，

---

① 《张宇燕：全球治理格局中的中国角色》，中国社会科学网，2014 年 11 月 21 日，http://m.cssn.cn/bwsf/bwsf_ft/201310/t20131029_746314.htm，最后访问日期：2021 年 6 月 20 日。

并加强其早期预警和监督功能"①。事实上，"在 IMF 内部讨论改革已有几年，但只有当新兴国家稳固地主导国际金融的首要谈判平台时，这样的根本性改革，而非新的布雷顿森林体系，才将成为可能"②。2014 年 11 月于澳大利亚布里斯班举行的二十国集团领导人峰会在公报中呼吁各方积极落实国际货币基金组织改革方案，倘若依然未果，则将着手探讨接下去的政策选项。2015 年 12 月，该方案最终得到美国国会的通过，但是，已成为世界第二大经济体的中国，在国际货币基金组织中所占份额仍位居美国、日本之后，这真切地表明中国至今尚未真正完全融入现存全球经济治理体系。

近年来，在习近平主席中国特色大国外交思想的引领下，中国政府在积极进取、主动作为的不懈努力下，为全球经济治理贡献了独特的"中国智慧""中国思想"。中国在参与全球经济治理方面表现出以下特点。

第一，参与路径从单纯遵守国际制度发展为推动制度的改革与创新。以加入世贸组织为标志，中国更多的是遵守西方国家创建并主导的国际规则。近年来，随着国家实力的显著增强，中国也在积极推动国际经济制度的变革。中国适时提出"一带一路"倡议，倡导创建亚投行、金砖国家新开发银行等新的国际机制，彻底改变了一国或几国主导国际规则的状况。③

第二，由于当前世界经济尚未回到正轨、复苏缓慢且具有不确定性，以及中国海外利益正在逐渐扩大，中国参与全球经济治理的动力在不断增强，具体范围也呈现出明显扩大的趋势。无论是在 1997 年亚洲金融危机、2008 年全球金融危机中，还是在随后的欧洲主权债务危机中，抑或是在当前新冠肺炎疫情冲击下的全球经济复苏乏力状况下，中国始终发挥着重要的作用，为世界经济的复苏与增长做出了突出贡献。

第三，在参与主体方面，中国政府在全球经济治理中扮演着主体角色，但非政府组织（NGO）、社会团体及个人等非政府力量依旧薄弱。虽

---

① 〔加〕约翰·科顿：《G20 治理下的未来：成果、展望、预测及中国在其中扮演的角色》，载中国人民大学重阳金融研究院主编《谁来治理新世界——关于 G20 的现状和未来》，社会科学文献出版社，2014，第 180～182 页。
② "Global Governance: Goodbye G7, Hello G20," *The Economist*, November 20, 2008.
③ 杨娜：《改革开放 40 年：中国参与全球治理的特点及启示》，《教学与研究》2018 年第 8 期，第 43～44 页。

然在过去一段时期，中国的非政府组织有了一定的发展，有的甚至在国际上崭露头角，但有能力参与全球经济治理的非政府组织依然稀缺。

第四，相较于西方国家，中国在全球经济治理中偏重于国内层面。全球治理理论与实践最早产生于欧洲，西方国家自然有着其独特的全球治理视角，那就是偏重于全球层面和跨国层面，且涉及全球市民社会、超国家组织、政府间国际组织之间的互动。而中国则通常是"把全球经济治理内化到国家层面，进而形成独特的国内层面的全球经济治理"①，即在国内协调治理全球经济问题，现象是国内的，意义却是全球性的。

在未来一段时期，国际政治经济秩序仍将由西方大国主导，而秩序的调整与改革是一个漫长的过程，中国需要为此做好充分的准备。在参与、主导国际机制的过程中，中国政府将遵循全面参与、循序渐进的基本原则，即参与不同领域、不同区域、不同层次的多边机制，同时认清国际体系转型的复杂性、艰巨性，逐步展开国际新机制的构建过程。此外，中国还将坚持多边与双边平衡推进的策略，而多边机制的有效性在很大程度上将取决于双边关系的稳定。②

一些国外学者认为全球经济治理的趋势是多元化，把亚投行看作中国多元化全球经济治理的表现；美国前国务卿基辛格对亚投行与国际货币基金组织等国际金融机构"并存"的看法，代表了西方国家的深层担忧。③ 对此，外交部部长王毅曾指出，中国推动建设"一带一路"、亚投行等，不是要争主导权，也不是"另起炉灶、推倒重来"，而是改革、完善目前的金融体制，为世界各国的共同发展积极提供新的机遇。④ 事实上，亚投行为国际金融组织的改革提供了新的思路与方法，是对世界银行、亚洲开发银行等现有国际金融机构的有益补充。它的出现无疑将加强中国作为全球经济治理主要改革者的重要地位，同时也反映了在全球治理改革方

---

① 蔡拓：《中国如何参与全球治理》，《国际观察》2014 年第 1 期，第 1～10 页。
② 袁鹏：《G20 的时代意义与现实启示》，《现代国际关系》2009 年第 11 期，第 18 页。
③ 庞中英：《全球治理的中国角色：复杂但清晰》，《人民论坛·学术前沿》2015 年第 16 期，第 86～95 页。
④ 《第十四届"蓝厅论坛"在外交部举行 外交部长王毅发表主旨演讲》，新华网，2015 年 9 月 16 日，http://news.xinhuanet.com/world/2015 – 09/16/c_128236638.htm，最后访问日期：2021 年 6 月 20 日。

面复杂的国际政治。

而国际舆论中的"中国责任论",则是一些国外学者希望中国在全球治理领域承担更多的责任而提出的一种说法,其话外音即中国作为全球化进程的受益者,应该积极帮助其他国家、在负外部性问题上约束自身,进而为世界做出更多的贡献。这种贡献的实现需要兼顾权力与责任的对等、国家利益与全球利益的一致以及公平原则。

因此,中国需要正视自身实力与国际地位的双重提升,理解并逐渐消除国际社会的担心与疑虑,从而在构建国际新秩序中占据主动地位。

### 5.3.2 中国积极推动全球经济治理转型

在参与全球经济治理中,中国经历了从被动应付、一般性参与、主动参与到今天主导参与的渐进过程。在此过程中,中国已成为全球经济治理体系的主要参与者、设计者、协调者和改革者。

中国早已是全球经济稳定的积极维护者。① 从 1997 年亚洲金融危机,到 2008 年全球金融危机,再到随后的欧洲主权债务危机,中国在保持经济稳步增长的同时,始终发挥着重要作用,尽显负责任的大国风范。

中国也是一个可靠的承诺遵守者。正如中国领导人在历次二十国集团峰会上所做出的承诺,中国在努力推进自身经济结构调整的同时,积极同世界其他主要经济体展开有效合作,推动世界经济的复苏与恢复平衡。

中国又是一个广施援手的协调者,日益成为西方大国、新兴国家的政策选择,并为推动"相互评估程序"朝着既定的方向发展而不懈努力。

中国还是全球治理体制改革的积极倡导者。在接受现有国际制度并从中获益的同时,中国积极参与二十国集团领导人峰会和金砖国家峰会,将自身的国家影响力转化为制度性力量。作为二十国集团的创始成员之一,从 2005 年签署改革国际货币基金组织的第一份协议,到 2010 年首尔峰会使这份协议进入第二阶段,再到 2015 年底改革方案最终被美国国会通过,

---

① 〔加〕约翰·科顿:《G20 治理下的未来:成果、展望、预测及中国在其中扮演的角色》,载中国人民大学重阳金融研究院主编《谁来治理新世界——关于 G20 的现状和未来》,社会科学文献出版社,2014,第 180~182 页。

中国在此期间做出了大量的努力与工作，一如既往积极倡导全球经济治理的体制改革。中共十八大更是提出把"加强同世界各国交流合作、推动全球治理机制变革""坚持权利和义务相平衡、积极参与全球经济治理"作为中国政府对外战略的重要指导原则与任务，进而再次表明对全球经济治理的高度重视与持续关切。①

现在很多全球问题都投向中国寻找答案。既然是大国，就要有大国的胸怀和担当。新形势下，作为有资源、有意愿也有智慧的最大的新兴国家，中国需要把握当前重大机遇，积极应对新的挑战，在21世纪全球经济治理转型中发挥建设性作用。

作为二十国集团的创始成员，中国在西方大国与新兴国家之间发挥着不可替代的协调作用。金融危机后，世界更加真切地认识中国，中国也加速了融入世界的进程。中国逐渐成为发达国家与发展中国家的枢纽，成为解决全球性和区域性问题的关键国家。世界给予中国越来越高的期望，作为新兴大国和最大的发展中国家，中国在正视自身国际地位的前提下，承担了与自身实力相对应的国际责任。

根据国际组织的测算，作为世界经济增长重要动力源的中国也是二十国集团全面增长战略的主要贡献者之一。中国向二十国集团提交的增长战略包括了一百多项稳增长、调结构、促改革、惠民生的政策措施，这充分展示了中国以改革来促进增长的决心、理念与行动。

面对世界经济存在的各种风险与挑战，二十国集团的各成员应树立起利益共同体和命运共同体的意识，彼此做好朋友、好伙伴，积极协调各国宏观经济政策，进而形成各国增长相互促进、相得益彰的合作共赢格局，唯有如此，二十国集团才能走得更好、更远。②

面对新冠肺炎疫情的突袭而至，中国在抗击疫情、经济恢复等方面成绩尤为突出，为国际社会加强合作、应对非传统安全威胁做出了示范性贡献，在应对疫情中提升了国家治理能力，并增强了以人为本的治理理念，

---

① 蔡拓：《中国如何参与全球治理》，《国际观察》2014年第1期，第1~10页。
② 《习近平在二十国集团领导人第九次峰会第一阶段会议上的发言（全文）》，人民网，2014年11月15日，http://politics.people.com.cn/n/2014/1115/c1024-26032489.html，最后访问日期：2021年6月20日。

推动国际格局朝着公正合理的方向发展。当前，西方发达国家经济复苏乏力，主要新兴经济体增速减缓，世界经济发展的不平衡性增加，金融市场还存在着较大的风险，国际贸易仍然在低位徘徊。事实上，西方国家摆脱危机的这段时期，也是中国深度参与全球经济治理、确立自身地位的战略机遇期。

为实现全球经济的复苏与发展，中国政府在努力推进自身经济结构调整的同时，也在积极地与其他主要经济体合作。对于全球经济治理的制度设计，中国也需要提出新的思路与主张，以使全球经济治理的制度效能得到进一步增强。

中国政府呼吁二十国集团进一步协调各国宏观经济政策、共同应对发展难题，强调二十国集团与时俱进，实现从危机应对向长效治理的转型，从而更好地推动全球经济治理的转型。中国政府倡导的"一带一路"、金砖国家新开发银行和应急储备安排、亚投行等也处处闪动着中国智慧。此外，中国不但积极提供了"一带一路"、亚投行等物质性的全球性公共产品，而且努力提供全球机构的改革方案、全球治理的制度与规范等观念性的全球性公共产品。[①] 中国正在努力打造二十国集团成为"21 世纪的大国协调"机制，使其不仅包括各国宏观经济政策的协调，而且包含各国全球安全政策的协调。[②]

新兴大国、最大的发展中国家、第三世界国家等多重身份的并存也有利于中国在二十国集团中更好地发挥桥梁的作用，平衡西方国家与非西方国家、发达国家与发展中国家、传统大国与新兴大国之间的利益。

2016 年二十国集团杭州峰会是"中国历史上首次领衔全球经济治理的顶层设计，同时也是全球经济治理步入寻求可持续发展新阶段的标志"[③]。中国充分利用杭州峰会这一历史性契机，积极参与并发挥重要作用，在实现最大战略利益的同时，使杭州峰会成为二十国集团转型的新起点。

---

① 庞中英、刘敬文：《G20 与全球经济治理转型》，《当代世界》2016 年第 8 期，第 9～11 页。

② 庞中英、刘敬文：《G20 与全球经济治理转型》，《当代世界》2016 年第 8 期，第 9～11 页。

③ 《中国智库推出系列专著 全面阐述 G20 与中国贡献》，人民网，2016 年 7 月 28 日，http://world.people.com.cn/n1/2016/0728/c1002-28592730.html，最后访问日期：2021 年 6 月 20 日。

当前，在中国的积极推动与协调下，二十国集团在创新增长方式、完善全球治理、重振贸易投资、推动全球发展方面取得了一系列重要共识，在制订二十国集团创新增长蓝图、结构性改革优先领域、落实2030年可持续发展议程行动计划等方面均取得了一定的进展。[①]

未来，中国将继续充分肯定并积极维护二十国集团领导人峰会这一全球经济治理改革的技术性成果及其所代表的前进方向，继续重视国际货币基金组织、世界银行等国际机构的改革；中国也将继续保持一贯的低调、务实风格，不断挖掘参与全球经济治理的潜力，为世界经济实现强劲、平衡、可持续增长做出应尽的贡献；中国政府还将继续通过合作、共赢的战略途径融入全球化，进而推进国家的现代化进程，实现中华民族的伟大复兴。

### 5.3.3 走向更加有效、更加包容的全球治理[②]

在全球化与相互依存程度不断加深、新兴经济体崛起的时代，全球治理需要融合各种文明治理思想，形成新的治理体系，重建世界秩序的理念原则。

全球治理论坛明确指出，全球治理的改善，需要扩展全球政策程序，吸纳更多的主体；[③] 而全球治理体系的代表性、透明度以及各国利益的体现与否备受关注；有效性和包容性则是转型中的全球治理亟待提高的两个重要方面。

为改变全球治理的失灵状态，秦亚青教授提出了理念革命，即"以多元主义（pluralism）审视世界，以伙伴关系（partnership）应对全球性威胁，以积极的实践参与（participation）开展全球治理"，从而构建起全球

---

① 《2016年二十国集团智库会议发布主席声明》，人民网，2016年7月30日，http://world.people.com.cn/n1/2016/0730/c1002-28597559.html，最后访问日期：2021年6月20日。

② 中国国际经济交流中心：《全球治理高层政策论坛报告：重构全球治理——有效性、包容性及中国的全球角色》，联合国开发计划署，2012，第16页。

③ 中国国际经济交流中心：《全球治理高层政策论坛报告：重构全球治理——有效性、包容性及中国的全球角色》，联合国开发计划署，2012，第16页。

身份认同。① 卢静教授也提出鉴于国际权力结构的新变化和全球性问题的复杂性等，全球治理的体制改革需要从国际制度的价值、规范与实效方面入手，"形成重在公平的价值共识，注重国际规范的包容性，促进国际制度间的互动，重视顶层制度设计并建立更有效的基层制度"②。

蔡拓教授认为，"中国正成为全球治理的有生力量，在全球经济治理中的作用日益突出"，但在政治、文化、环境等其他领域尚且处在边缘位置，"无论是在认知、理念，抑或是对策、行动方面都表现得相对被动与滞后"③。在此情况下，从物质、制度、理念方面加大提供全球性公共产品的力度、展现中国积极参与全球治理的意愿，是一种较好的路径选择。他还指出，"中国参与全球治理更多的是基于国家利益的考量，其主导理念仍是现实主义、国家主义以及有所保留的多边主义"④，这有待突破国家主义的樊篱，寻求国家利益与人类共同利益平衡，进而上升到全球主义的高度。

从战略定位看，全球治理已被置于中国特色大国外交战略布局的前沿和中心位置。⑤ 基于中国视角的全球治理研究，需要制定中国的全球治理战略，在理论上阐述中国的世界观，在实践中提出中国方案。⑥ 理论上的"国际关系民主化"，实践中的"相互治理"战略、规则战略、改革与转型战略、国内治理与全球治理相互促进战略、以"金砖国家合作"为核心的"新兴大国"战略、地区治理战略、全球治理领导权战略以及统率全局的发展战略，⑦ 将为制定中国的全球治理战略这一系统工程提供一定的思路与参考。

---

① 秦亚青：《全球治理失灵与秩序理念的重建》，《世界经济与政治》2013 年第 4 期，第 4 ~ 18 页。
② 卢静：《当前全球治理的制度困境及其改革》，《外交评论》2014 年第 1 期，第 107 ~ 121 页。
③ 蔡拓：《中国如何参与全球治理》，《国际观察》2014 年第 1 期，第 1 ~ 10 页。
④ 蔡拓：《中国如何参与全球治理》，《国际观察》2014 年第 1 期，第 1 ~ 10 页。
⑤ 陈东晓、叶玉：《全球经济治理：新挑战与中国路径》，《国际问题研究》2017 年第 1 期，第 15 页。
⑥ 庞中英、王瑞平：《全球治理：中国的战略应对》，《国际问题研究》2013 年第 4 期，第 57 ~ 68 页。
⑦ 庞中英、王瑞平：《全球治理：中国的战略应对》，《国际问题研究》2013 年第 4 期，第 57 ~ 68 页。

对于全球治理的当前困境，西方学术界也提出了改革全球治理体制的诸多观点。例如，美国学者约瑟夫·奈指出，全球治理将有赖于二十国集团等网络组织的网络治理方式，[①] 伊恩·布雷默等学者认为合作取决于有力的领导，主张打造"全球契约"、建立"全球政府"，呼吁创建全球性的领导体制，[②] 布拉德·格罗斯曼等学者则针对全球治理缺乏有效方案而倡导建立"自愿联盟"。[③]

基于对人类整体性和人类共同利益日益凸显这一国际关系和人类文明发展现状与趋势的正确认知，中国政府把更加积极地参与全球治理作为新时期对外战略的理性选择。也就是说，"从阶级、意识形态、国家的视野转向整体、全球的视野，认同全人类共同性的与日俱增，是中国更积极地参与全球治理新的理论视角和支撑点"[④]。

中国的发展无疑离不开世界，而世界的稳定与繁荣也离不开中国。在参与全球治理的过程中，中国也一直试图在实现自身发展与承担国际责任之间达到一定程度的平衡。作为最大的发展中国家，中国自身的发展成就便是对全球治理最重大、最持久的贡献；"中国模式"也为其他发展中国家提供了宝贵的发展经验。在全球治理的进程中，中国在扮演着日益重要角色的同时，也在努力寻找全球治理的新形态，把国家治理与全球治理的目标及路径有效对接，这既是对世界的一份突出贡献，也是一种责任。

新冠肺炎疫情加剧了大国间的地缘政治博弈，以"东升西降"为主要特征的百年未有之大变局呈加速演进态势，世界地缘政治中心由大西洋地区向太平洋地区转移的进程进一步加快，世界力量对比将有利于中国的发展。在中国特色大国外交理念的指引下，中国政府在国际社会上进一步发挥负责任大国的建设性作用，积极构建以合作共赢为核心的新型国际关

---

① 〔美〕约瑟夫·奈：《权力大未来》，王吉美译，中信出版社，2012，第297~298页。

② 〔美〕伊恩·布雷默：《零国集团时代：谁是新世界格局中的赢家和输家？》，孙建中译，新华出版社，2013，第4页。〔法〕雅克·阿塔利：《建立全球政府的十个方向》，应强译，第二届全球智库峰会会刊，2011，第21页。

③ Brad Glosserman, Peter Walkenhorst and Ting Xu, "Creating a New International Order," *The Diplomat*, April 25, 2012, http://thediplomat. com/new-leaders-forum/2012/04/25/creating-a-new-international-order, accessed June 13, 2021.

④ 蔡拓：《中国如何参与全球治理》，《国际观察》2014年第1期，第1~10页。

系，努力推动全球治理体制朝更加公正合理的方向发展，为中国与世界的
和平发展创造更加有利的条件。[①] 疫情防控常态化时期，世界秩序建设的
阶段性议题主要集中在国际合作、疫情经济恢复等全球性挑战方面，中国
在这些方面发挥着至关重要的建设性作用，以中国为代表的非西方力量正
成为世界新秩序的重要建设者。

基辛格在新作《世界秩序》中提出了一个世纪性命题：在全球化时
代，如何把不同的历史经验和价值观塑造成一个共同的世界新秩序？[②] "同
一个世界，同一个梦想" "同心打造人类命运共同体" 的中国智慧或许就
是对这一命题的特色诠释。

# 小　结

本章首先回顾了中国的全球治理理念与主张，指出 "天下" 主义与
"大同" 理想、"和合" 文化、"和谐世界"、"共商、共建、共享" 等理念
是中国在全球治理领域的独特智慧与突出贡献，而构建 "以合作共赢为核
心的新型国际关系" 等则是对当代中国外交思想的丰富与发展，也是对当
前与未来世界形势的科学判断。

接着阐释了中国在全球经济治理中的身份定位。新形势下的中国外交
审时度势、呈现出积极主动态势，虽然其本质仍具有防御性。新兴大国、
最大的发展中国家的双重身份，将会有利于中国构建非霸权性质的多边合
作体系。对于七（八）国集团，中国始终保持着谨慎的态度；对于二十国
集团，中国视其为一种新型的大国协调，努力发挥中国的作用；在二十国
集团中，中国联合其他金砖国家，发挥金砖国家合作在全球经济治理转型
中的特殊作用。

随后分析了在参与全球经济治理中，中国经历了从被动应付、一般性

---

① 《习近平：推动全球治理体制更加公正更加合理》，新华网，2015 年 10 月 13 日，http://
www.xinhuanet.com/politics/2015 - 10/13/c_1116812159.htm，最后访问日期：2021 年 6 月
20 日。

② 〔美〕亨利·基辛格：《世界秩序》，胡利平译，中信出版社，2015，序言第 1~3 页。

参与、主动参与到今天主导参与的渐进过程。在此渐进的过程中，中国已成为全球经济治理体系的主要参与者、设计者、协调者和改革者。

最后重申在新形势下，中国需要促进二十国集团与时俱进，实现从危机应对向长效治理的转型，从而更好地推动全球经济治理的转型。杭州峰会已成为二十国集团转型的新起点。中国将继续在全球治理领域发挥建设性作用，从而实现更加有效、更加包容的全球治理。

# 参考文献

## 中文参考文献

1. 〔加〕安德鲁·F.库珀、〔波〕阿加塔·安特科维茨主编《全球治理中的新兴国家——来自海利根达姆进程的经验》，史明涛、马骏等译，上海人民出版社，2009。

2. 〔美〕奥兰·扬：《国际制度的有效性：棘手案例与关键因素》，李宇晴译，载〔美〕詹姆斯·N.罗西瑙主编《没有政府的治理》，张胜军、刘小林等译，江西人民出版社，2001。

3. 〔美〕奥兰·扬：《世界事务中的治理》，陈玉刚、薄燕译，上海人民出版社，2007。

4. 〔德〕贝娅特·科勒－科赫、贝特霍尔德·里滕伯格：《欧盟研究中的"治理转向"》，陈新译，《欧洲研究》2007年第5期。

5. 〔加〕彼得·哈吉纳尔：《八国集团体系与二十国集团：演进、角色与文献》，朱杰进译，上海人民出版社，2010。

6. 〔法〕布罗代尔：《历史和社会科学：长时段》，《史学理论》1987年第3期，转引自孙晶《布罗代尔的长时段理论及其评价》，《广西大学学报》（哲学社会科学版）2002年第3期。

7. 〔美〕布热津斯基：《大棋局——美国的首要地位及其地缘战略》，中国国际问题研究所译，上海人民出版社，1998。

8. 蔡拓：《全球治理的反思与展望》，《天津社会科学》2015年第1期。

9. 蔡拓：《中国如何参与全球治理》，《国际观察》2014年第1期。

10. 曹俊汉：《全球化与全球治理：理论发展的建构与诠释》，（台北）韦伯文化国际出版有限公司，2009。

11. 〔美〕查尔斯·库普乾：《美国时代的终结——美国外交政策与 21 世纪的地缘政治》，潘忠岐译，上海人民出版社，2004。

12. 陈晓进：《评析八国集团的作用与发展趋势》，《国际问题研究》2005年第 2 期。

13. 崔立如：《G20 开启了探索"全球治理"新路径的机会之窗》，《现代国际关系》2009 年第 11 期。

14. 崔志楠、邢悦：《从"G7 时代"到"G20 时代"——国际金融治理机制的变迁》，《世界经济与政治》2011 年第 1 期。

15. 〔英〕戴维·赫尔德、安东尼·麦克格鲁：《全球化与反全球化》，陈志刚译，社会科学文献出版社，2004。

16. 〔英〕戴维·赫尔德、安东尼·麦克格鲁编《治理全球化：权力、权威与全球治理》，曹荣湘、龙虎等译，社会科学文献出版社，2004。

17. 〔英〕戴维·赫尔德、凯文·扬：《有效全球治理的原则》，朱旭译，《南开学报》（哲学社会科学版）2012 年第 5 期。

18. 方晋：《G20 机制化建设与议题建设》，《国际展望》2010 年第 3 期。

19. 〔意〕富里奥·塞鲁蒂：《全球治理的两个挑战：哲学的视角》，载朱立群、〔意〕富里奥·塞鲁蒂、卢静主编《全球治理：挑战与趋势》，社会科学文献出版社，2014。

20. 〔美〕汉斯·摩根索著，〔美〕肯尼思·汤普森、戴维·克林顿修订《国家间政治：权力斗争与和平》（第七版），徐昕、郝望、李保平译，北京大学出版社，2006。

21. 〔英〕赫德利·布尔：《无政府社会——世界政治秩序研究》，张小明译，世界知识出版社，2003。

22. 〔美〕亨利·保尔森：《峭壁边缘——拯救世界金融之路》，乔江涛等译，中信出版社，2010。

23. 〔美〕亨利·基辛格：《大外交》，顾淑馨、林添贵译，海南出版社，1998。

24. 〔美〕亨利·基辛格：《世界秩序》，胡利平译，中信出版社，2015。

25. 胡键：《"中国责任"与和平发展道路》，《现代国际关系》2007 年第

7 期。

26. 胡锦涛：《坚定不移沿着中国特色社会主义道路前进 为全面建成小康社会而奋斗——在中国共产党第十八次全国代表大会上的报告》，人民出版社，2012。

27. 江时学：《在布鲁塞尔看欧洲债务危机：最危险的时刻已成往事》，《证券日报》2013 年 2 月 18 日，第 A3 版。

28. 焦世新：《软均势论及其实质》，《现代国际关系》2006 年第 8 期。

29. 金中夏等：《中国与 G20——全球经济治理的高端博弈》，中国经济出版社，2014。

30. 〔美〕卡尔·多伊奇：《国际关系分析》，周启朋等译，世界知识出版社，1992。

31. 〔德〕克劳斯·丁沃斯、〔荷〕菲利普·帕特伯格：《如何"全球"与为何"治理"？全球治理概念的盲点与矛盾》，晓谢译，《国外理论动态》2013 年第 1 期。

32. 〔美〕肯尼思·华尔兹：《国际政治理论》，信强译，上海人民出版社，2003。

33. 卢静：《当前全球治理的制度困境及其改革》，《外交评论》2014 年第 1 期。

34. 卢静：《全球治理：模式转变》，载朱立群、〔意〕富里奥·塞鲁蒂、卢静主编《全球治理：挑战与趋势》，社会科学文献出版社，2014。

35. 卢静：《试析八国集团的改革与发展前景》，《外交评论》2009 年第 5 期。

36. 吕晓莉：《全球治理：模式比较与现实选择》，《现代国际关系》2005 年第 3 期。

37. 吕有志、查君红：《G7/G8 角色转型与全球治理》，《现代国际关系》2001 年第 12 期。

38. 〔美〕罗伯特·基欧汉、约瑟夫·奈：《权力与相互依赖》，门洪华译，北京大学出版社，2002。

39. 〔美〕罗伯特·吉尔平：《全球政治经济学：解读国际经济秩序》，杨宇光、杨炯译，上海人民出版社，2003。

40. 〔美〕罗伯特·帕斯特编《世纪之旅——世界七大国百年外交风云》，胡利平、杨韵琴译，上海人民出版社，2001。

41. 〔英〕马丁·怀特著，〔英〕赫德利·布尔、卡斯滕·霍尔布莱德编《权力政治》，宋爱群译，世界知识出版社，2004。

42. 《马克思恩格斯选集》第四卷，人民出版社，1995。

43. 〔比〕马里奥·泰洛：《欧盟、全球治理与国际秩序》，载朱立群、〔意〕富里奥·塞鲁蒂、卢静主编《全球治理：挑战与趋势》，社会科学文献出版社，2014。

44. 〔英〕玛格丽特·撒切尔：《撒切尔夫人回忆录·唐宁街岁月》，本书翻译组译，远方出版社，1997。

45. 〔英〕玛格丽特·撒切尔：《通往权力之路：撒切尔夫人》，李宏强译，国际文化出版公司，2005。

46. 〔美〕曼瑟尔·奥尔森：《集体行动的逻辑》，陈郁、郭宇峰、李崇新译，上海人民出版社，1995。

47. 美国国家情报委员会（NIC）、欧盟安全问题研究所（EUISS）编《全球治理2025：处在关键的转折点上》，载杨雪冬、王浩主编《全球治理》，中央编译出版社，2015。

48. 倪建军、王凯：《从华盛顿到伦敦的G20峰会传递了什么信息》，《世界知识》2009年第8期。

49. 牛军：《世界的中国：21世纪初的中国外交研究》，《国际政治研究》2006年第1期。

50. 〔美〕诺姆·乔姆斯基：《新自由主义和全球秩序》，徐海铭、季海宏译，江苏人民出版社，2000。

51. 〔德〕潘德：《有效的多边主义与全球治理》，庞中英译，《世界经济与政治》2010年第6期。

52. 庞中英：《霸权治理与全球治理》，《外交评论》2009年第4期。

53. 庞中英：《"东亚合作"向何处去？——论东亚地区秩序的困境与中国的战略选择》，《人民论坛·学术前沿》2012年第4期。

54. 庞中英：《关于中国的全球治理研究》，《现代国际关系》2006年第3期。

55. 庞中英：《1945 年以来的全球经济治理及其教训》，《国际观察》2011
    年第 2 期。

56. 庞中英：《"全球政府"：一种根本而有效的全球治理手段?》，《国际观
    察》2011 年第 6 期。

57. 庞中英：《全球治理的中国角色：复杂但清晰》，《人民论坛·学术前
    沿》2015 年第 16 期。

58. 庞中英：《全球治理的转型——从世界治理中国到中国治理世界?》，
    《国外理论动态》2012 年第 10 期。

59. 庞中英：《全球治理与世界秩序》，北京大学出版社，2012。

60. 庞中英、王瑞平：《从战略高度认识金砖国家合作与完善全球经济治理
    之间的关系》，《当代世界》2013 年第 4 期。

61. 庞中英、王瑞平：《全球治理：中国的战略应对》，《国际问题研究》
    2013 年第 4 期。

62. 庞中英、王瑞平：《相互治理进程——欧洲与全球治理的转型》，《世
    界经济与政治》2012 年第 11 期。

63. 庞中英：《效果不彰的多边主义和国际领导赤字——兼论中国在国际集
    体行动中的领导责任》，《世界经济与政治》2010 年第 6 期。

64. 庞中英：《亚洲地区秩序的转变与中国》，《外交评论》2005 年第 4 期。

65. 庞中英：《中国在国际体系中的地位与作用》，《现代国际关系》2006
    年第 4 期。

66. 庞中英：《重建世界秩序：关于全球治理的理论与实践》，中国经济出
    版社，2015。

67. 庞中英主编《中国学者看世界·全球治理卷》，新世界出版社，2007。

68. 乔卫兵：《八国集团治理全球性发展问题的新模式》，《国际问题研究》
    2007 年第 4 期。

69. 秦亚青：《国家身份、战略文化和安全利益——关于中国与国际社会关
    系的三个假设》，《世界经济与政治》2003 年第 1 期。

70. 秦亚青：《全球治理失灵与秩序理念的重建》，《世界经济与政治》2013
    年第 4 期。

71. 秦亚青：《世界格局、国际制度与全球秩序》，《现代国际关系》2010

年第 S1 期。

72. 全球治理委员会：《天涯成比邻》（*Our Global Neighborhood*），牛津大学出版社，1995。

73. 〔法〕让－皮埃尔·戈丹：《现代的治理，昨天和今天：借重法国政府政策得以明确的几点认识》，陈思译，《国际社会科学杂志》（中文版），1999 年第 1 期。

74. 〔美〕塞缪尔·亨廷顿：《文明的冲突与世界秩序的重建》（修订版），周琪等译，新华出版社，2010。

75. 石晨霞：《全球治理机制的发展与中国的参与》，《太平洋学报》2014 年第 1 期。

76. 时殷弘：《成就与挑战：中国和平发展、和谐世界和国际责任》，《国际问题论坛》2008 年春季号。

77. 时殷弘：《国际关系史料基本分类和主要类别史料例解》，《国际政治研究》2005 年第 3 期。

78. 时殷弘：《现当代国际关系史（从 16 世纪到 20 世纪末）》，中国人民大学出版社，2006。

79. 时殷弘、张沱生、章百家、王逸舟：《中国走近八国集团》，《世界知识》2003 年第 13 期。

80. 时殷弘：《自由主义与美国对外政策》，《现代国际关系》2005 年第 6 期。

81. 苏长和：《为什么没有中国的国际关系理论?》，《国际观察》2005 年第 4 期。

82. 苏长和：《自由主义与世界政治——自由主义国际关系理论的启示》，《世界经济与政治》2004 年第 7 期。

83. 苏宁等：《全球经济治理——议题、挑战与中国的选择》，上海社会科学院出版社，2014。

84. 孙伊然：《后危机时代全球经济治理的观念融合与竞争》，《欧洲研究》2013 年第 5 期。

85. 〔德〕托马斯·菲斯：《超越八国集团的全球治理：高峰会议机制的改革前景》，张安译，《世界经济与政治》2007 年第 9 期。

86. 王帆：《大国外交》，北京联合出版公司，2016。

87. 王国兴、成靖：《G20 机制化与全球经济治理改革》，《国际展望》2010 年第 3 期。

88. 王瑞平、庞中英：《否认"美国衰落"：约瑟夫·奈"软实力"理论的新发展》，《当代世界与社会主义》2012 年第 3 期。

89. 王绳祖主编《国际关系史》第七卷，世界知识出版社，1995。

90. 王义桅：《欧债危机的战略影响》，《德国研究》2012 年第 1 期。

91. 王逸舟：《全球政治和中国外交——探寻新的视角与解释》，世界知识出版社，2003。

92. 王逸舟主编《中国国际关系研究（1995－2005）》，北京大学出版社，2006。

93. 王颖、李计广：《G20 与中国》，《现代国际关系》2012 年第 6 期。

94. 〔加〕威廉·科尔曼：《世界秩序、全球化和全球治理》，周思成译，《中国治理评论》2013 年第 1 期。

95. 韦宗友：《非正式集团、大国协调与全球治理》，《外交评论》2010 年第 6 期。

96. 韦宗友：《新兴大国群体性崛起与全球治理改革》，《国际论坛》2011 年第 2 期。

97. 蔚彬：《八国集团的现实困境与未来走向》，《现代国际关系》2007 年第 3 期。

98. 〔德〕乌尔里希·贝克等：《全球政治与全球治理——政治领域的全球化》，张世鹏等编译，中国国际广播出版社，2004。

99. 〔德〕乌尔里希·贝克：《风险社会》，何博闻译，译林出版社，2004。

100. 〔德〕乌尔里希·贝克：《世界主义的观点——战争即和平》，杨祖群译，华东师范大学出版社，2008。

101. 〔美〕小科尼利厄斯·F. 墨菲：《世界治理——一种观念史的研究》，王起亮等译，世界知识出版社，2007。

102. 〔古希腊〕修昔底德：《伯罗奔尼撒战争史》，徐岩松、黄贤全译，广西师范大学出版社，2004。

103. 徐洪才：《变革的时代：中国与全球经济治理》，机械工业出版社，

2014。

104. 徐秀军：《新兴经济体与全球经济治理结构转型》，《世界经济与政治》2012 年第 10 期。

105. 〔法〕雅克·阿塔利：《建立全球政府的十个方向》，应强译，第二届全球智库峰会会刊，2011。

106. 〔英〕亚当·罗伯茨、〔新西兰〕本尼迪克特·金斯伯里主编《全球治理——分裂世界中的联合国》，吴志成等译，中央编译出版社，2010。

107. 〔美〕亚历山大·温特：《国际政治的社会理论》，秦亚青译，上海人民出版社，2000。

108. 杨少华：《评"软制衡论"》，《世界经济与政治》2006 年第 7 期。

109. 〔美〕伊恩·布雷默：《零国集团时代：谁是新世界格局中的赢家和输家?》，孙建中译，新华出版社，2013。

110. 余翔：《从 G20 峰会看世界经济秩序新动向》，《当代世界》2009 年第 5 期。

111. 余永定：《崛起的中国与七国集团、二十国集团》，《国际经济评论》2004 年第 5 期。

112. 俞可平主编《全球化：全球治理》，社会科学文献出版社，2003。

113. 俞正樑、陈玉刚、苏长和：《21 世纪全球政治范式》，复旦大学出版社，2005。

114. 袁鹏：《G20 的时代意义与现实启示》，《现代国际关系》2009 年第 11 期。

115. 〔加〕约翰·柯顿：《强化全球治理：八国集团、中国与海利根达姆进程》，朱杰进译，《国际观察》2008 年第 4 期。

116. 〔加〕约翰·科顿：《G20 治理下的未来：成果、展望、预测及中国在其中扮演的角色》，载中国人民大学重阳金融研究院主编《谁来治理新世界——关于 G20 的现状和未来》，社会科学文献出版社，2014。

117. 〔加〕约翰·科顿：《二十国集团治理的成长——一个全球化了的世界使然》，《国际展望》2013 年第 5 期。

118. 〔美〕约翰·罗尔克编著《世界舞台上的国际政治》（第九版），宋伟等译，北京大学出版社，2005。

119. 〔美〕约翰·米尔斯海默:《大国政治的悲剧》,王义桅、唐小松译,
上海人民出版社,2003。

120. 〔美〕约翰·伊肯伯里主编《美国无敌:均势的未来》,韩召颖译,
北京大学出版社,2005。

121. 〔美〕约瑟夫·奈:《权力大未来》,王吉美译,中信出版社,2012。

122. 〔美〕约瑟夫·奈、约翰·唐纳胡:《全球化世界的治理》,王勇、门
洪华等译,世界知识出版社,2003。

123. 〔美〕詹姆斯·N. 罗西瑙:《21 世纪的治理》(Governance in the Twen-
ty-first Century),《全球治理》1995 年创刊号。

124. 〔美〕詹姆斯·N. 罗西瑙主编《没有政府的治理——世界政治中的秩
序与变革》,张胜军、刘小林等译,江西人民出版社,2001。

125. 〔美〕詹姆斯·多尔蒂、小罗伯特·普法尔兹格拉夫:《争论中的国
际关系理论》,阎学通、陈寒溪等译,世界知识出版社,2003。

126. 张海冰:《G20:全球性大国的竞争与合作》,《人民论坛·学术前沿》
2015 年第 21 期。

127. 张瑾:《G20 框架内的国际货币基金组织改革》,《国际观察》2013 年
第 3 期。

128. 张宇燕、任琳:《全球治理:一个理论分析框架》,《国际政治科学》
2015 年第 3 期。

129. 赵柯:《货币国际化的政治逻辑——美元危机与德国马克的崛起》,
《世界经济与政治》2012 年第 5 期。

130. 中国国际经济交流中心:《全球治理高层政策论坛报告:重构全球治
理——有效性、包容性及中国的全球角色》,联合国开发计划署,2012。

131. 周宇:《全球经济治理与中国的参与战略》,《世界经济研究》2011 年
第 11 期。

132. 朱杰进:《八国集团与全球性公共产品的供给:集体霸权的视角》,
《国际政治研究》2009 年第 1 期。

133. 朱立群:《代序  全球治理:现状与趋势》,载朱立群、〔意〕富里奥·
塞鲁蒂、卢静主编《全球治理:挑战与趋势》,社会科学文献出版社,
2014。

## 英文参考文献

1. Abbas J. Ali, "The Age of Responsibility," *International Journal of Commerce and Management*, Vol. 19, No. 2, 2009.

2. Alex J. Bellamy, "The Responsibility to Protect—Five Years on," *Ethics and International Affairs*, Vol. 24, Issue 2, 2010, pp. 143 – 169.

3. Alice D. Ba&Matthew J. Hoffmann, eds. , *Contending Perspectives on Global Governance: Coherence, Contestation and World Order*, New York: Routledge, 2005.

4. Amitai Etzioni, "Sovereignty as Responsibility," *ORBIS: A Journal of World Affairs*, Vol. 50, No. 1, 2006, pp. 71 – 85.

5. Andrew Linklater, *The Problem of Harm in World Politics: Theoretical Investigations*, New York: Cambridge University Press, 2011.

6. Andrew Valls, ed. , *Ethics in International Affairs: Theories and Cases*, Maryland, US: Rowman & Littlefield Publishers, 2000.

7. Archie B. Carroll, "The Pyramid of Corporate Social Responsibility: Toward the Moral Management of Organizational Stakeholders," *Business Horizons*, Vol. 34, Issue 4, 1991, pp. 39 – 48.

8. Beverley Loke, "Between Interest and Responsibility: Assessing China's Foreign Policy and Burgeoning Global Role," *Asian Security*, Vol. 5, Issue 3, 2009, pp. 195 – 215.

9. Bradley E. Starr, "The Structure of Max Weber's Ethic of Resonsibility," *Journal of Religious Ethics*, Vol. 27, Issue 3, 1999, pp. 407 – 434.

10. Bruce Jones, Carlos Pascual, Stephen John Stedman, *Power and Responsibility: Building International Order in an Era of Transnational Threats*, Washington, D. C. : Brookings Institution Press, 2009.

11. Carmen Reinhart, Kenneth Rogoff, *This Time is Different: Eight Centuries of Financial Folly*, Princeton: Princeton University Press, 2008.

12. Cathal J. Nolan, ed. , *Power and Responsibility in World Affairs: Reformation versus Transformation*, Westport, CT: Praeger Publishers, 2004.

13. C. Fred Bergsten, "The New Agenda with China," *Policy Briefs*, Peterson Institute for International Economics, 1998.

14. Clara Caselli, "Ethics and Corporate Responsibility in International Relations," *Symphonya, Emerging Issues in Management*, No. 1, 2003.

15. Craig N. Murphy, "International Relations and Responsibility in an Increasingly Unequal World," *Development and Change*, Vol. 37, Issue 6, 2006, pp. 1293 – 1307.

16. Cyril Black, Robert English, Jonathan Helmreich, Paul Helmreich and Jams McAdams, *Rebirth: A Political History of Europe since World War II (second edition)*, Colorado: Westview press, 2000.

17. David Chandler, "Rhetoric without Responsibility: the Attraction of 'Ethical' Foreign Policy," *The British Jounal of Politics and International Relations*, Vol. 5, Issue 3, 2003, pp. 295 – 316.

18. David Knights and Majella O'Leary, "Leadership, Ethics and Responsibility to the Other," *Journal of Business Ethics*, Vol. 67, No. 2, 2006, pp. 125 – 137.

19. David Mitrany, *A Working Peace System: An Argument for the Functional Development of International Organization*, London: The Royal Institute of International Affairs, 1943.

20. Douglas Webber, *the Franco-German Relationship in the European Union*, London and New York: Routledge, 1999.

21. Ernst Haas, *The Uniting of Europe: Political, Social, and Economic Forces, 1950—1957*, California: Stanford University Press, 1968.

22. Frederic S. Mishkin, *The Next Great Globalization: How Disadvantaged Nations Can Harness Their Financial Systems to Get Rich*, Princeton: Princeton University Press, 2006.

23. Gareth Evans and Mohamed Sahnoun, "The Responsibility to Protect," *Foreign Affairs*, Vol. 81, No. 6, 2002, pp. 99 – 110.

24. Heather Savigny and Lee Marsden, *Doing Political Science and International Relations: Theories in Action*, London: Palgrave Maacmillan, 2011.

25. Hedley Bull, *The Anarchical Society: A Study of Order in World Politics*, New York, USA: Columbia University Press, 2002.

26. Hedley Bull, "The Great Irresponsibles? The United States, the Soviet Union, and World Order," *International Journal*, Vol. 35, Issue 3, 1980, pp. 437 – 447.

27. Henry Farrell and John Quiggin, "How to Save the Euro—and the EU: Reading Keynes in Brussels," *Foreign Affairs*, Vol. 90, No. 3, 2011.

28. Herbert S. Agar, "Responsibilities of the Great Powers," *Interntional Affairs*, Vol. 21, No. 4, 1945, pp. 431 – 436.

29. Hugo Dixon, "Can Europe's Divided House Stand? Separating Fiscal and Monetary Union," *Foreign Affairs*, Vol. 90, No. 6, 2011.

30. Jack Hayward and Anand Menon, eds., *Governing Europe*, Oxford: Oxford University Press, 2003.

31. Jagdish Bhagwati, Pravin Krishna, Arvind Panagariya, eds., *Trading Blocs: Alternative Approaches to Analyzing Preferential Trade Agreements*, Cambridge: the MIT Press, 1999.

32. James N. Rosenau and Ernst-Otto Czempiel, eds., *Governance without Government: Order and Change in World Politics*, Cambridge: Cambridge University Press, 1992.

33. James N. Rosenau, "Governance in the Twenty-first Century," *Global Governance*, Vol. 1, No. 1, 1995.

34. Jean-Marc Coicaud & Daniel Warner, eds., *Ethics and International Affairs: Extent and Limits*, Tokyo, Japan: United Nations University Press, 2001.

35. Joel H. Rosenthal and Christian Barry, eds., *Ethics & International Affairs: A Reader*, Washington, D.C., USA: Georgetown University Press, 2009.

36. John English, Ramesh Thakur and Andrew Cooper, eds., *Reforming from the Top: A Leaders' 20 Summit*, Tokyo: United Nations University Press, 2005.

37. Josie Fisher, "Social Responsibility and Ethics: Clarifying the Concepts," *Journal of Business Ethics*, Vol. 52, No. 4, 2004, pp. 391 – 400.

38. Justin Morris, "How Great is Britain? Power, Responsibility and Britain's Future Global Role," *British Jounal of Politics and International Relations*, Vol. 13, Issue 3, 2011, pp. 326 – 347.

39. Liesbet Hooghe, Gary Marks, "Types of Multi-level Governance," *European Integration online Papers (EIoP)*, Vol. 5, No. 11, 2001.

40. Ludwig Dehio, *the Precarious Balance: Four Centuries of the European Power Struggle*, New York: Vintage Books, 1962.

41. Luigi Bonanate, *Ethics and International Politics*, trans. by John Irving, Cambridge, UK: Polity Press, 1995.

42. Luigi Pellizzoni and Marja Ylönen, "Responsibility in Uncertain Times: An Institutional Perspective on Precaution," *Global Environmental Politics*, Vol. 8, Issue 3, 2008, pp. 51 – 73.

43. Mario Telò, "European Union and New Regionalism: Regional Actors and Global Governance in a Post-Hegemonic Era", *Journal of Contemporary European Studies*, Vol. 16, No. 2, 2008.

44. MarioTelò, ed. , *European Union and New Regionalism: Regional Actors and Global Governance in a Post-Hegemonic Era*, Farnham: Ashgate, 2007.

45. Mark Beeson and Stephen Bell, "The G-20 and International Economic Governance: Hegemony, Collectivism, or Both?" *Global Governance*, Vol. 15, No. 1, 2009.

46. Mark R. Amstutz, *International Ethics: Concepts, Theories, and Cases in Global Politics*, Lanham, USA: Rowman & Littlefield Publishers, 1999.

47. Martin Shaw, "Global Society and Global Responsibility: The Theoretical, Historical and Political Limits of ' International Society '," *Millennium: Journal of International Studies*, Vol. 21, Issue 3, 1992, pp. 421 – 434.

48. Mervyn Frost, *Ethics in International Relations: A Constitutive Theory*, Cambridge: Cambridge University Press, 1996.

49. Miles Kahler, "A World of Blocs: Facts and Factoids," *World Policy Journal*, Vol. 12, No. 1, 1995, pp. 19 – 27.

50. Oran R. Young, ed. , *Global Governance: Drawing Insights from the Envi-*

*ronmental Experience*, Cambridge: The MIT Press, 1997.

51. Oran R. Young, *International Governance: Protecting the Environment in a Stateless Society*, Ithaca: Cornell University Press, 1994.

52. Paul De Grauwe, "Only a More Active EBC Can Solve the Euro Crisis," *CEPS Policy Briefs*, No. 250, 2011.

53. Paul Kennedy, Dirk Messner and Franz Nuscheler, eds., *Global Trends and Global Governance*, London: Pluto Press, 2002.

54. Peter David Drysdale, "Asia's Global Responsibilities and Regional and International Cooperation," *Asian Economic Journal*, Vol. 25, No. 1, 2011, pp. 99 – 112.

55. Richard McAllister, *From EC to EU: An Historical and Political Survey*, London and New York: Routledge, 1997.

56. Richard Ned Lebow, *The Tragic Vision of Politics: Ethics, Interests and Orders*, Cambridge, UK: Cambridge University Press, 2003.

57. Robert D. Putnam, "Diplomacy and Domestic Politics: The Logic of Two-Level Games," *International Organization*, Vol. 42, No. 3, 1988.

58. Robert O. Keohane, *After Hegemony: Cooperation and Discord in the World Political Economy*, Princeton: Princeton University Press, 1984.

59. Robert Pape, "Soft Balancing against the United States," *International Security*, Vol. 30, No. 1, 2005, pp. 7 – 45.

60. Robert W. Cox, "Towards a Post-Hegemonic Conceptualization of World Order: Reflections on the Relevancy of Ibn Khaldun," in Robert W. Cox with Timothy J. Sinclair, *Approaches to World Order*, Cambridge: Cambridge University Press, 1996.

61. Roger C. Altman, "Globalization in Retreat: Further Geopolitical Consequences of the Financial Crisis," *Foreign Affairs*, Vol. 88, No. 4, 2009.

62. Rosemary Foot, "Chinese Power and the Idea of a Responsible State," *The China Journal*, Vol. 45, 2001, pp. 1 – 19.

63. Simon Hix, *The Political System of European Union*, London: Macmillan, 1999.

64. S. L. Hurley, "Is Responsibility Essentially Impossible?" *Philosophical Studies: An International Journal for Philosophy in the Analytic Tradition*, Vol. 99, No. 2, 2000, pp. 229 – 268.

65. Stephen G. Brooks and William C. Wohlforth, "Hard Times for Soft Balancing," *International Security*, Vol. 30, No. 1, 2005, pp. 72 – 108.

66. Stephen George, *An Awkward Partner: Britain in the European Community*, Oxford and New York: Oxford University Press, 1990.

67. Stijn Verhelst, "the Reform of European Economic Governance: Towards A Sustainable Monetary Union?" *Egmont Paper*, No. 47, 2011.

68. Timothy Ash, "Can Europe Survive the Rise of the Rest?" *The New York Times*, September 2, 2012.

69. Timothy Ash, "The Crisis of Europe: How the Union Came Together and Why it's Falling Apart," *Foreign Affairs*, Vol. 91, No. 5, 2012.

70. T. Paul, "Soft Balancing in the Age of U. S. Primacy," *International Security*, Vol. 30, No. 1, 2005, pp. 46 – 71.

71. Vivienne Jabri, "Restyling the Subject of Responsibility in International Relations," *Millennium: Journal of International Studies*, Vol. 27, No. 3, 1998, pp. 591 – 611.

72. Wayne Visser, "The Age of Responsibility: CSR 2. 0 and the New DNA of Business," *Journal of Business Systems, Governance and Ethics*, Vol. 5, No. 3, 2010, pp. 7 – 22.

73. William H. Riker, *The Development of American Federalism*, Boston: Kluwer Academic Publishers, 1987.

74. William H. Riker, *The Theory of Political Coalitions*, New Haven: Yale University Press, 1962.

75. Williams W. Grimes, "Financial Regionalism after the Global Financial Crisis: Regionalist Impulses and National Strategies," in Wyn Grant, Graham K. Wilson, eds. , *The Consequences of the Global Financial Crisis: The Rhetoric of Reform and Regulation*, Oxford: Oxford University Press, 2012.

76. William W. Kaufmann, "The Organization of Responsibility," *World Politics*,

Vol. 1, Issue 4, 1949, pp. 511 – 532.

77. World Economic Forum, *The Global Competitiveness Report 2012 – 2013*, September 6, 2012, http://reports. weforum. org/global-competitiveness-report – 2012 – 2013.

78. Zbigniew Brzezinski, *The Choice: Global Domination or Global Leadership*, New York: Basic Books, 2004.

79. Zhimin Chen, "International Responsibility and China's Foreign Policy," in Masafumi Iida, ed. , *China's Shift: Global Strategy of the Rising Power*, Japan: the National Institute for Defense Studies, 2009, pp. 7 – 28.

80. Zhongying Pang, "China's Non-intervention Question," *Global Responsibility to Protect*, Vol. 1, Issue 2, 2009, pp. 237 – 252.

**图书在版编目（CIP）数据**

二十国集团与全球经济治理的转型／王瑞平著. --
北京：社会科学文献出版社，2022.1
ISBN 978 - 7 - 5201 - 9676 - 5

Ⅰ.①二… Ⅱ.①王… Ⅲ.①二十国委员会 - 研究②
世界经济 - 经济治理 - 研究 Ⅳ.①D813.7②F113

中国版本图书馆 CIP 数据核字（2022）第 021844 号

二十国集团与全球经济治理的转型

著　　者／王瑞平

出 版 人／王利民
责任编辑／张　萍
文稿编辑／邹丹妮
责任印制／王京美

出　　版／社会科学文献出版社·当代世界出版分社（010）59367004
　　　　　地址：北京市北三环中路甲 29 号院华龙大厦　邮编：100029
　　　　　网址：www. ssap. com. cn
发　　行／社会科学文献出版社（010）59367028
印　　装／三河市尚艺印装有限公司

规　　格／开 本：787mm × 1092mm　1/16
　　　　　印 张：9.75　字 数：156 千字
版　　次／2022 年 1 月第 1 版　2022 年 1 月第 1 次印刷
书　　号／ISBN 978 - 7 - 5201 - 9676 - 5
定　　价／98.00 元

读者服务电话：4008918866